Zu diesem Buch

Nach der Weisheit «Humor ist die beste Medizin» gegen den unnötigen Ernst des Lebens hat Richard Gordon eine erfreulich lange Reihe tolldreister Romane geschrieben, die vor allem unter Medizinern, ihrem Personal und den (oft nicht weniger komischen) Patienten spielen. Der Autor, der im bürgerlichen Leben Dr. med. Gordon Ostlere heißt, war zunächst praktischer Arzt in Oxford und London, dann Schiffsarzt, gab aber schließlich seine medizinische Laufbahn auf, um heitere Bücher zu schreiben.

In der Reihe der rororo-Taschenbücher liegen vor: «Aber Herr Doktor!» (Nr. 2037), «Doktor ahoi!» (Nr. 2038), «Hilfe! Der Doktor kommt» (Nr. 2039), «Käpt'n Ebbs – Seebär und Salonlöwe» (Nr. 2040), «Dr. Gordon verliebt» (Nr. 2041), «Dr. Gordon wird Vater» (Nr. 2042), «Doktor im Glück» (Nr. 2043), «Eine Braut für alle» (Nr. 2044), «Doktor auf Draht» (Nr. 2045), «Onkel Horatios 1000 Sünden» (Nr. 2046), «Sir Lancelot und die Liebe» (Nr. 2047), «Finger weg, Herr Doktor!» (Nr. 2048), «Wo fehlt's, Doktor?» (Nr. 2049), «Machen Sie sich frei, Herr Doktor!» (Nr. 2050), «Gesundheit, Herr Doktor!» (Nr. 2051), «Doktor auf Abwegen» (Nr. 2052), «Tief atmen, Frau Doktor!» (Nr. 2053) und «Gute Erholung, Herr Doktor!» (Nr. 2054).

Richard Gordon

Wer aaahh sagt...

Roman

Deutsch von
Britta Kalippke

Rowohlt

Veröffentlicht im Rowohlt Taschenbuch Verlag GmbH,
Reinbek bei Hamburg, Februar 1989
Titel der Originalausgabe «Doctor in the Soup»

Umschlagillustration Ingrid Rothe
Gesamtherstellung Clausen & Bosse, Leck
Printed in Germany
680-ISBN 3 499 12420 3

I

Am Anfang schuf Nye den staatlichen Gesundheitsdienst – es war der 5. Juli 1948, ein Montag.

Und es entstand eine Mischung aus Armenhäusern, Kanälen, Apotheken, Heimen, Krankenhäusern, sozialen Einrichtungen, Sammlungen für einen guten Zweck, Zukunftsvisionen, Traditionen, Mitleid, Vorurteilen und Ausflüchten, das chaotische Vermächtnis viktorianischer Wohltätigkeit.

Und Nye schuf große Scharen von Krankenhausärzten und niedrige Wesen, praktische Ärzte wie mich.

Und Nye sah, daß es gut war.

Und Nyes Geschöpfe waren gläubig und vermehrten sich und kosten seine Landsleute jetzt dreizehn Milliarden Pfund im Jahr.

Und der staatliche Gesundheitsdienst wurde von den britischen Bürgern schließlich mit derselben allzu großen Liebe überschüttet wie die königliche Familie.

Was Nye predigte, praktiziere ich in Churchford, einem bewunderungswürdig friedvollen und behäbigen alten Marktflecken in Kent, der von Pendlern bewohnt wird, die sich viel zuviel kulinarischen Genüssen und viel zuwenig ihrem Liebesleben hingeben. Nyes Lehre war die der kostenlosen Behandlung der kranken Massen, wodurch jeder so gesund werden sollte, daß der Beruf des Arztes binnen kurzem überflüssig werden würde. Engels war von dem gleichen rührenden Optimismus hinsichtlich der Entwicklung des Staates unter den um sich greifenden Wohltaten des Kommunismus gewesen.

Die Ärzte hinterlassen in unserem Leben tiefe Spuren, da sich die Gesundheit der Staatsbürger auffälliger verändert als der staatliche Gesundheitsdienst, der nach dreißig Jahren so gründlich umstrukturiert wurde, daß fünf Jahre später wieder eine völlige Neustrukturierung notwendig war.

Heute sind es die alten Menschen, die sterben. Die akuten

Krankheiten, von denen die Jungen befallen wurden, sind nahezu ausgerottet, und die schleichenden Krankheiten des Alters sind auf bedrückende Weise zur Selbstverständlichkeit geworden. Die Psychologie wirft lange Schatten, so trügerisch wie das Mondlicht. Jeder möchte seinem Arzt alles anvertrauen, weil im Zeitalter der Massenkommunikation niemand mit niemandem kommuniziert. Die Patienten erwarten medizinische Wunder, wie sie in der Zeitung angepriesen werden. Das ganze Land leidet unter Depressionen, besonders im November.

Die Kunst des Arztes ist indes immer noch uralt. Er vereint in sich hohe Intelligenz mit geringem Können, Frömmigkeit mit Lasterhaftigkeit. Er schüchtert seine Patienten ein und wird dafür von ihnen vergöttert. Selbst in einer Welt, in der jeder so selbstsicher ist und alles bespöttelt, erzwingt sein Berufsstand wie kein anderer die Achtung der Menschen.

Ich bin stolz auf meinen Sohn Andy, der für ein Jahr am Johns-Hopkins-Hospital in Baltimore an der kardiologischen Abteilung arbeitet, und auf meine Tochter Jilly, die sich als Assistenzärztin am Allgemeinen Krankenhaus in Churchford in den ersten Strahlen chirurgischen Ruhmes sonnt.

Ich liebe meine Frau Sandra, bei der Schwangerschaft, Wechseljahre und die Ehe mit mir kaum Spuren hinterlassen haben. Obwohl ihr goldenes Haar längst grau geworden ist, so sehe ich sie manchmal noch als die Schwester vom St. Swithin, die ich geheiratet habe. Das liegt wahrscheinlich daran, daß ich in intimen Momenten nie eine Brille trage. Kurzsichtigkeit erhält viele Ehen.

Ich bin durchaus zufrieden, daß man mich in der Gesellschaft mit der schlichten Bezeichnung *netter Kerl* bedenkt. Ich arbeite zusammen mit drei sympathischen Kollegen in einer alteingesessenen Praxis in einem Gebäude, das inmitten der schäbigen Siedlungshäuser des Bahnhofsviertels liegt. Über uns befinden sich ein Supermarkt und ein mehrstöckiges Parkhaus – die Kathedralen und Schlösser unserer Zeit.

Ich wohne dort, wo ich den staatlichen Gesundheitsdienst zuerst allein unterstützt habe, in einem freundlichen, von Rhododendron und Buchsbaum fast verdeckten roten Backsteinhaus im viktorianischen Stil mit Schieferdach, umgeben von ruhigen, mit Goldregen, Kirschbäumen und Ebereschen gesäumten Alleen. Dort schritt ich an einem strahlenden Aprilmorgen wie gewöhnlich im Pyjama die Treppe hinunter, um die Sonntagszeitung von der Veranda zu holen.

Wie entsetzlich!

Mein Leben war zerstört.

2

Zwei Wochen zuvor, an einem Freitag, hatte mich Jim Whynn, der junge Parlamentsabgeordnete unserer Gemeinde, angerufen und um einen Termin gebeten.

Ich verließ die Praxis, die nahe dem Chaucer Way liegt, und steuerte heimwärts Richtung Foxglove Lane, aber ich fuhr in das umgebaute Trockenhaus einer Brauerei, in das Jim, jung verheiratet, im Winter vor zwei Jahren eingezogen war, um sich seinen Wahlkreis warmzuhalten. Im Frühjahr darauf wurden Sandra und ich von einer Einladung zum Abendessen überrascht.

«Er ackert sich durch alles durch, was Rang und Namen hat», stellte sie nüchtern und ernüchternd fest. «Es werden ein Dutzend Leute dasein, und sicher auch dieser fürchterliche Waschsalon-Millionär, der im Golfclub gegen dich gestimmt hat.»

Ich konterte: «Aber das wäre so, als würden wir eine Einladung zu einer Gartenparty im Palast ausschlagen.»

Sie zeigte plötzlich Interesse. «Ob er uns vielleicht eine Einladung verschaffen kann? Ich würde so gern einmal hinter die Kulissen des Buckingham-Palastes sehen. Das ist genauso faszinierend, wie in die Küche einer anderen Hausfrau zu gukken.»

Das Trockenhaus glänzte noch vom frischen Anstrich. Ein ausländisches Mädchen in einem hübschen Hauskleid öffnete die Tür, und ein anderes nahm Sandra lächelnd den Mantel ab. Das runde Wohnzimmer hatte weiße Wände, an denen würdevolle Porträts hingen; die Möbel waren auf Hochglanz poliert und hübsch angeordnet. Man fühlte sich, als bekäme man in einem Antiquitätenladen einen Drink angeboten.

Neben dem gemauerten Kamin und den Holzscheiten stand Jim, groß, blond, glattrasiert, gutaussehend und bemüht charmant. Seine Frau Charlotte, die auf dem mit Chintz bezogenen Sofa saß, war dunkelhaarig, sprach deutlich akzentuiert, eifrig bedacht, uns zu gefallen, und war liebenswürdig. Allmählich dämmerte es uns, daß wir die einzigen Gäste waren. Ich zwinkerte Sandra durch meine neue runde Bifokalbrille zu, von der meine beleseneren Patienten meinen, daß ich damit Mr. Pickwick noch ähnlicher sehe.

Die erste Regel englischer Konversation lautet, daß man sich nicht lächerlich machen darf. Ich war noch nie einem Abgeordneten begegnet, noch nicht einmal einem nichtgewählten. Ich wurde geistig von nichts Höherem in Anspruch genommen als unserem Churchforder Gesellschaftsklatsch, bis wir das *filet de bœuf* in dem Eßzimmer mit der Balkendecke zu uns nahmen. Jim fragte mich, was ich von der Atombombe hielte – «als Arzt».

«Leider sind Ärzte», ich nahm einen Schluck vom Chambolle-Musigny, «außerhalb ihres Berufes nicht scharfsichtiger, klüger oder gar vernünftiger als irgendwelche Hafenarbeiter.»

Jim lächelte. «Ihr Job ist es also, auf einem Gebiet ein Experte zu sein, der eines Abgeordneten hingegen, so zu tun, als sei er Fachmann auf allen Gebieten?»

«Na ja, relativ gesehen. Die besten Ärzte sind die, die am besten wissen, was sie nicht wissen.»

Ich fand, daß ich mich recht gut aus der Affäre zog.

«Aber der Ärzteverband ist doch sicherlich der Meinung, daß der Gesundheitsdienst nicht mit den Folgen eines Atomkrieges fertig werden würde.»

«Genausogut könnte man sagen, daß die Straßenkehrer von Pompeji außerstande waren, mit den Folgen des Vesuvausbruchs fertig zu werden.»

«Dann soll ich mir also gar nicht erst die Mühe machen, einen Krankenwagen zu rufen, wenn die Bombe auf Churchford fällt?»

«Das wird sie nicht. Der Weltfrieden wird von einem Hund bewahrt.»

Alle sahen mich verdutzt an.

«Vom Pawlowschen Hund», erklärte ich beruhigend. «Die Regierenden leiden alle glücklicherweise unter einem bedingten Angstreflex. Wer würde einen Krieg anfangen ohne die geringste Chance, ihn zu gewinnen? In der guten alten Zeit von Armee und Artillerie war das einfach. Man brauchte nur dafür zu sorgen, daß die eigene stärker war als die der Feinde. Heutzutage kommt eine Bombe schneller zurück als ein Return in Wimbledon.»

«Sie sind ein Optimist», murmelte Charlotte.

«Optimismus ist der wichtigste Bestandteil aller Rezepte», klärte ich sie auf.

«Und falls Richard unrecht hat», erklärte Sandra, «dann ist das ebenso schmerzlos, als hätte man sich mit dem Leben nach dem Tode geirrt. Ist es einmal soweit, dann ist es zu spät, sich darüber noch Gedanken zu machen.»

«Vor dreißig Jahren war jemand der gleichen Meinung wie Ihr Mann», sagte Jim liebenswürdig. «‹Es liegt in der Ironie der Sache, daß wir eines Tages eine Phase erreichen werden, in der die Sicherheit das störrische Kind des Schreckens ist und das Überleben der Zwillingsbruder der Vernichtung.› Winston Churchill zu zitieren, steht jedem Parlamentarier an.»

Ich fühlte mich geschmeichelt.

«Die ‹Frauen für den Frieden› verschwenden also ihre Zeit?» fragte Charlotte.

Jim seufzte. «Die Friedensbewegung, eine nützliche politische Waffe – wenn auch nicht gerade eine Atomwaffe. All diese modernen Protestbewegungen sind austauschbar, weißt du. Selbst die sogenannten guten Absichten führen zur geistigen Vergiftung des Durchschnittsmenschen, und die Schlechten können ihrer Bösartigkeit freien Lauf lassen. Wir würden gerne Ihre Privatpatienten werden, Doktor Gordon. Nicht wahr, Liebste?»

Charlotte nickte lebhaft.

Aha, dachte ich. Das Abendessen war eine Falle. Ich hatte das entscheidende Kreuzverhör durchgestanden. Ich fühlte mich noch mehr geschmeichelt.

«Sie sind einer dieser netten, liebenswürdigen altmodischen Ärzte, von denen ich betreut werden möchte» – Charlotte schenkte ihrem Mann ein kokettes Lächeln – «wenn ich einmal schwanger werden sollte.»

«Churchford soll wissen, daß wir einen Arzt aus Churchford konsultieren, weil Churchford wissen soll, daß wir uns fest in Churchford niedergelassen haben.» Jim lächelte wieder. «Wir haben schließlich die außerordentliche Ehre, die Nachbarn von Sir Damian Havers zu sein.»

«Einer meiner Patienten», erklärte ich bescheiden.

Sir Damian war der große Schauspieler, dessen Stimme in den Sonntagszeitungen mit riesigen Höhlen im Gewitter, losbrechenden fernen Lawinen oder mächtigem Orgelbrausen unter Wasser verglichen wurde. Ich erinnerte mich, daß der verdammte Kerl mein Honorar nicht bezahlt hatte.

Auf dem Nachhauseweg stellte Sandra entschieden fest: «Jim Whynn ist ein falscher Hund.»

Ich war schockiert. «Warum?»

«Leuten, die so leicht Sympathien gewinnen, kann man nicht trauen.»

Ich protestierte. «Aber ich habe großen Eindruck auf ihn gemacht.»

Sie seufzte. «Besteht nicht die Möglichkeit, Liebster, daß ihm deine Meinung einfach ganz egal ist?»

«Du hältst mich doch nicht etwa für aufgeblasen?»

Ich war beunruhigt. Viele Leute in meinem Alter benahmen sich so. Aber doch nicht so ein ‹netter Kerl› wie ich?

«Er möchte mein Patient werden», erinnerte ich sie, «ein Politiker mit bewundernswerter Urteilsgabe.»

«Du wirst dir noch die Zähne an ihm ausbeißen», warnte sie mich ernst.

«Menschen sind das tägliche Brot eines Arztes», meinte ich zuversichtlich.

Und vermutlich gibt es ein paar nette Kerle darunter, dachte ich.

Die Wahlen fanden kurz nach dieser Einladung statt, im Juni. Jims Wähler dankten es ihm, daß er sich so um sie gekümmert hatte.

Anfang Oktober rief Jim an, gerade als ich das köstlichste Getränk des Tages, den *morning tea*, im Bett zu mir nahm.

«Ich bin munter wie ein Fisch im Wasser», unterbrach er meine Glückwünsche. «Aber ich muß Sie wegen einer dringenden und wichtigen Sache sehen. Paßt es Ihnen heute abend?»

«Das ist äußerst schmeichelhaft», bemerkte ich zu Sandra.

«Sei vorsichtig», warnte sie mich wieder. «Die meisten Politiker sind Heuchler.»

«Heuchelei ist ein zivilisiertes Laster», entgegnete ich. «Niemand stiftet in England mehr Unruhe als einer, der die Wahrheit sagt.»

Jim öffnete selbst die Tür. Das runde Wohnzimmer war leer.

«Oh, die Wahl war gar nichts, diente nur zur Sicherung der Basis», begann er herzlich. «Jetzt beginnt erst der richtige Kampf. Ich glaube, meine bis jetzt härteste Probe war das Wahlkomitee in Churchford. Sie schnüffelten in meiner Familie herum, als wollte ich um ihre Töchter und nicht um ihre Stimmen werben. Und mein Vater hat der Partei seit Jahren stattliche Beträge zukommen lassen», fügte er ärgerlich hinzu.

Er reichte mir einen Scotch, während er am Kaminfeuer stehenblieb.

«Ich habe mir Clem Attlees Ratschläge für frischgebackene Abgeordnete zu Herzen genommen: Spezialisiere dich und halt dich raus. Und was könnte eine lohnendere Aufgabe sein als der staatliche Gesundheitsdienst?»

Ich murmelte, daß es immer befriedigend sei, Leben zu retten und Leid zu lindern.

«Ja, ja, natürlich», sagte er kurz, immer noch im Stehen. «Aber erkennen Sie nicht, wie wunderbar politisch der Gesundheitsdienst ist? Jeder im Land ist davon betroffen, bereits vor der Geburt und selbst nach dem Tode noch. Die Krankheit ist keine Familientragödie mehr, sie gehört jetzt praktisch zur Regierungspolitik, wie die Arbeitslosigkeit.» Er überlegte: «Vielleicht ist beides ein Fehler? Schließlich standen plötzlich Millionen Menschen auf der Straße, als Bagger und ähnliches erfunden wurden. Nun, die Segnungen des Gesundheitsdienstes sind zweifach. Er heilt die Kranken und bietet vielen Leuten, die sonst keine Arbeit fänden, einen Lebensunterhalt.»

«Der größte Arbeitgeber in Europa», erwähnte ich.

Er nickte lebhaft. «Und ein höchst unrentables Unternehmen dazu. Aber der leiseste Versuch, unfähige Leute abzubauen, ruft sofort entrüstete Proteste gegen die ‹Kürzungen› hervor.»

Er sprach zu mir wie Königin Victoria, wenn sie sich über Mr. Gladstone beklagte.

«Ein Unternehmen muß leistungsstark genug sein, um die Renten und die medizinische Versorgung für seine Arbeitnehmer zu finanzieren. Das gleiche gilt für eine Nation, die sich einen Wohlfahrtsstaat leisten will.»

Seine Augen glänzten.

«Wir leben in einem wundervollen, wenn auch völlig unmöglichen Land. Wir haben alles erfunden, von der Kernspaltung bis zum Sekt, aber der Gedanke, uns anzustrengen, um einen Kunden zufriedenzustellen, ist unserem unbeugsamen Geist völlig fremd, besonders wenn es sich um Ausländer handelt, die sich nicht einmal die Mühe machen, Englisch zu lernen.»

Er steigerte sich in seine Rede hinein.

«Wir sind eine großartige Nation von Piraten! Woraus besteht denn unsere glorreiche Geschichte? Wir haben alle reichen Länder der Erde geplündert und aus den armen ein Weltreich gemacht. Um mit Saki, Mr. Sp–, Doktor, zu sprechen: Das britische Weltreich war ein gutes Weltreich, wie es Weltreichen eben so geht, und wie es Weltreichen eben so geht, mußte es untergehen. Glücklicherweise können wir uns immer noch an Englands angenehm grüner Politik erfreuen, weil wir vom Erdöl leben, so wie wir vor hundert Jahren von der Kohle gelebt haben, von der schmerzlichen Unterbrechung durch einige Kriege abgesehen.»

«Bravo!» sagte ich.

Er ließ sich auf das mit Chintz bezogene Sofa fallen wie auf die grüne Lederbank im Unterhaus nach einer erfolgreichen Antrittsrede.

Ich wagte zu fragen: «Und wie steht's mit dem Idealismus?»

Er lachte. «Um Johnson zu zitieren: ‹Idealismus ist der letzte Ausweg für einen politischen Schurken.› Können Sie mir einen Gefallen tun?»

Er nahm ein getipptes Blatt Papier von dem Queen-Anne-Schreibtisch.

«Wissen Sie, daß diese Royal Commission den Gesundheitsdienst überwacht, von den Ärzten bis zu den Putzfrauen? Würden Sie einige Fragen überprüfen, die ich über praktische Ärzte stellen möchte? Ich habe natürlich einen Haufen Bücher, Informationsberichte und Gutachten», erzählte er mir begeistert. «Ein Abgeordneter muß sein wie ein Anwalt: Er muß sein Mandat meistern, egal, ob er nun weiß, daß seine Politik eine Katastrophe wird – genauso wie der Anwalt, der weiß, daß sein Klient schuldig ist. Deshalb sieht es oft so aus, als redeten wir Blödsinn.»

Ich widersprach: «Aber ich habe mich noch nie im geringsten für Politik interessiert.»

«Gefährlich, Doktor. Das hat ein unseliger französischer Aristokrat auf den Stufen der Guillotine auch gesagt. Wissen Sie, was der Henker ihm geantwortet hat? ‹Genau deshalb bist du hier›, und dann schlug er ihm den Kopf ab.» Er lachte wieder.

Ich versprach, mein Bestes zu tun. Jim brachte mich zur Tür. «Wie ich höre, trinken Sie am liebsten einfachen Malzwhisky», sagte er. «Übrigens, Charlotte ist schwanger.»

In den nächsten Monaten belieferte ich Jim regelmäßig mit den neuesten Nachrichten aus dem Gesundheitsdienst. Unsere Freundschaft wuchs und gedieh auf dem Nährboden gegenseitigen Respekts, den wir uns als Fachleute entgegenbrachten.

Jim war Teil der politischen Maschinerie wie das Uhrwerk ein Teil des Big Ben. Er wollte Premierminister werden. Dieser Ehrgeiz war ebenso altruistisch wie mein Beruf. Er würde, so meinte Jim, seinem Land dienen.

«Ein Premierminister hat die gleichen Aufgaben wie ein Pilot», belehrte er mich. «Es geht darum, die richtigen Hebel und Knöpfe zu drücken und einen Zusammenstoß zu vermeiden. Man braucht dazu nicht übermäßig intelligent zu sein. Ich weiß, Walter Bagehot hat geschrieben, was für ein herrliches Training es ist, das man braucht, um einen Sitz zu ergattern und das Gehör und Vertrauen seiner Kollegen zu gewinnen, aber Disraeli hatte doch eher recht, als er den Weg ins Parlament mit einer glitschigen Kletterstange verglich. Ich habe zufällig gehört, daß die Royal Commission ein Komitee einsetzen wird, das die Regierung in Fragen der Allgemeinmedizin beraten soll. Ich kann Ihnen einen Sitz darin verschaffen. Wie fühlen Sie sich?»

«Beunruhigt, geschmeichelt und unfähig.»

«Es ist natürlich ein bezahltes Amt», fügte er feierlich hinzu.

3

Als mich Jim mehr als ein Jahr später, an diesem Freitag im April, telefonisch zu sich bat, wurde ich von einem skandinavischen Kindermädchen in braunem Kleid und mit schokoladenbrauner Schleife im Haar eingelassen. Letzten Mai hatte ich die Geburt des Stammhalters auf der Privatstation des Churchforder Allgemeinen Krankenhauses, unter Mitwirkung unseres angesehensten Gynäkologen, Bertie Taverill, organisiert, dessen Sohn Peter, ebenfalls Frauenarzt, das Glück zuteil werden sollte, noch in diesem Sommer meine Tochter Jilly zu heiraten.

Jim und Charlotte saßen auf dem Chintzsofa. Sie begrüßte mich kurz und ging hinaus. Jim erhob sich und trat an den Kamin.

«Ich bin gestern abend in London in Schwierigkeiten geraten», verkündete er.

Ich rückte meine Brille zurecht.

Er lachte kurz auf. «Keine Angst, Richard, ich wurde nicht verhaftet. Und es war rein heterosexuell.»

Ich war verwirrt. Sollte ich ihn beglückwünschen?

«Ich hatte eine fürchterliche Woche hinter mir.»

Er stand da und betrachtete seine Fußspitzen.

«Das Leben eines Abgeordneten ist verdammt abnormal. Alles findet abends statt. Man ist im Unterhaus gefangen. Abstimmungen, andauernd wird über irgend etwas abgestimmt.»

Er schwieg, starrte in die Ecke und murmelte dann: «Dieses stinkende, dunkelbraune Männerparadies, wie es der Abgeordnete Chipps Channon einmal nannte. Man kommt sich vor wie auf einem Passagierschiff ohne bestimmtes Reiseziel, auf dem die Bar rund um die Uhr geöffnet ist. Ich glaube, viele Abgeordnete mögen es insgeheim. Es hat einen gewissen Reiz, zu arbeiten, während die anderen schlafen – wie in einem Krankenhaus. Der Entwurf zum Arbeitskräftegesetz, hast du darüber in der Zeitung gelesen?»

Ich nickte.

«Wir haben hart zu kämpfen, um ihn durchs Parlament zu bringen. Die Betbrüder scheinen sich mit den Fanatikern verbündet zu haben.» Er schauderte. «Du weißt, daß ich seit Januar Parlamentarischer Sekretär des Energieministers bin?»

Ich nickte wieder. Dieser Posten war für einen Abgeordneten, der ehrgeiziger als alle anderen, aber erst kurz im Amt war, von unschätzbarem, wenn auch nicht materiellem Wert. Jims Vorgänger war bei einem Autounfall ums Leben gekommen, sehr zum Ärger des Premierministers, weil dies eine unangenehme Nachwahl notwendig gemacht hatte.

«Ich bedauere das Ganze, genau wie der Minister. Wie kann ich einem Mann gegenüber freudige Loyalität an den Tag legen, dessen Handlungen von Unfähigkeit statt von Geist zeugen?» fragte er bitter. «Gestern abend ging es mir furchtbar schlecht. Nichts war so gelaufen, wie ich es mir vorgestellt hatte. Ich gab ein Essen für die Presseleute im Unterhaus. Die Fleet-Street-Leute sind ein lustiges Volk. Ich glaube, ich war ziemlich betrunken. ‹Alkohol bringt einen Abgeordneten dazu, um elf Uhr abends Dinge zu tun, die kein normaler Mensch um elf Uhr morgens tun würde.› Shaw. Du erinnerst dich?» Er lächelte kläglich.

«Ich verließ Westminster so gegen elf. Es war mal wieder so ein Abend, an dem man kein Taxi bekommt. Ich begann die Whitehall Street hinaufzulaufen. Ehrlich gesagt, ich hatte es nicht besonders eilig, nach Hause zu kommen. Seit fast zwei Wochen war ich allein in dieser Wohnung in Marylebone gewesen. Charlotte hat einen Haufen Funktionen hier in Churchford und sitzt in zahllosen Komitees. Für meine Karriere ist es sehr wichtig, daß sie hier im Ort einen Namen hat. Und dann ist da natürlich das Kind», fügte er hinzu, als wäre ihm nachträglich etwas eingefallen.

«Alles gesund und munter, nehme ich an?»

«Oh, ja. Irgendwie war ich auf einmal in Soho.»

Er hielt inne, als staunte er über sich selbst.

«Ich sah diese Bar, diesen Club, nur ein Hauseingang mit einer Leuchtreklame. Ich kann mich nicht mehr erinnern, wie er hieß, El... – irgendwas. Ich ging hinein.» Er lachte ungläubig auf. «Teils, weil ich neugierig war, teils, weil ich die leere Wohnung nicht mehr ertragen konnte. Und dann auch, weil ich etwas weniger Deprimierendes als Abgeordnetenbänke sehen wollte. Man mußte nur zahlen, und schon war man Mitglied; viel einfacher als im Boodle's Club in St. James's. Ich gab einen falschen Namen an: Donald Duck. Der Mann schien nicht verärgert. Vielleicht nennen sich viele Club-Mitglieder so. Was zu trinken, Richard?»

Er schenkte mir einen Whisky ein.

«Drinnen war alles rosa, stickig und furchtbar laut. Die Art Musik, wie sie aus den Radios dröhnt, die die Leute wie Koffer mit sich herumschleppen. Ich saß an einem Tisch mit einer schmutzigen, rosafarbenen Decke drauf und einer Vase mit einer Narzisse drin. Ich bestellte einen Scotch. Ein Mädchen setzte sich zu mir. Ich sagte: ‹Ich lad dich auf einen Drink ein.›

Sie antwortete, sie trinke nur Champagner. Eine Flasche kostete ein Vermögen, aber das war mir egal. Nach der Parlamentssitzung war das so eine angenehme Abwechslung. Das Mädchen fragte, ob ich mit zu ihr nach Hause kommen wollte. Ich sagte ja.»

«War sie nett?»

«Nicht schlecht.»

Ich deutete mit dem Kopf in Richtung Tür. «Weiß Charlotte davon?»

«Natürlich.»

«Und?»

Er zuckte die Schultern. «Es war ein Unfall, wie er vereinsamten Abgeordneten nun mal passieren kann. Wäre ich ein Jockey, hätte ich mir ein, zwei Knochen gebrochen.»

Ich fragte taktvoll: «Machst du dir Sorgen, weil du von dem Mädchen vielleicht ein bißchen mehr bekommen hast als ein paar nette Stunden?»

Er zuckte die Achseln. «Eigentlich nicht», sagte er und schenkte sich einen Sherry ein. «Ich mache mir um *mich selbst* Sorgen. Soll ich vielleicht einen Psychiater aufsuchen?»

«Genau so, als würdest du die Feuerwehr rufen, wenn du in deinen Teppich ein Loch gebrannt hast.»

«Ich habe das Gefühl, daß ich es tun sollte», widersprach er mir. «Nüchtern betrachtet ist das alles einfach erschreckend.»

«Die meisten anständigen Männer in einem Vorortzug würden nicht eine Sekunde länger darüber nachdenken.»

«Aber es würde meiner Karriere schaden. Wenn die Sache nun in die Zeitung kommt?»

«Warum sollte sie das?»

«Das Mädchen könnte sich an mich erinnern.»

«Eine Kassiererin erinnert sich auch nicht an jeden Kunden.»

Er fügte unbehaglich hinzu: «Vielleicht habe ich irgendwie erwähnt, daß ich Abgeordneter bin. Wie doch die Frauen Narren aus uns allen machen!»

Ich bemerkte: «Die Regale der öffentlichen Büchereien wären sonst halb leer.»

«Wenn die Leute erfahren, daß ich sofort einen Psychiater aufgesucht habe», überlegte Jim, «dann würde der Vorfall vielleicht wie eine geistige Verwirrung aussehen, von der ich mich eiligst kurieren ließ, zum Wohle meiner Wähler, denen ich mich verpflichtet fühle.»

Schweigen trat ein.

«Dieser Lagavulin ist doch einer der besten Malzwhiskys», erklärte ich und hob anerkennend das Glas.

Er warf mir einen kurzen Blick zu. «Letzte Woche dachte ich daran, mich umzubringen.»

«Ja?»

Eine Selbstmorddrohung nach einem fröhlichen Intermezzo mit einem leichten Mädchen war wirklich ein schlechtes Omen.

«Davon weiß Charlotte übrigens nichts.»

Ich überweise meine Patienten nicht so ohne weiteres an Psychiater, die sie womöglich auf eine lange Reise ins Nichts schicken. Meine Kollegen wenden sich oft gern an sie, um lästige Patienten loszuwerden. Früher, als mein Vater noch praktizierte, in den Zeiten, in denen man noch Zeit hatte, empfahl er statt dessen eine lange Kreuzfahrt.

«Jetzt eine Überdosis zu nehmen, sähe ziemlich lächerlich aus. Aber es ist erschreckend, daß ich überhaupt mit dem Gedanken gespielt habe. Und ich muß ganz einfach fit sein, geistig und körperlich, nun, da ich begonnen habe, mich die glitschige Kletterstange emporzuquälen.»

Jim war ein verkrampfter, besessener Mensch, der sich um alles Sorgen machte und in dessen Karriere der eigene Egoismus keine geringe Rolle spielte. Vielleicht würde ihm ein Psychiater guttun? Vielleicht wäre ein weiteres Clubmädchen noch besser?

«Wenn es dich glücklich macht, werde ich für dich einen Termin bei Doktor Elmsworthy vereinbaren», erklärte ich, halbherzig einverstanden.

Jim schien erfreut. Obwohl ich das Gefühl hatte, hauptsächlich deshalb, weil er seine Meinung durchgesetzt hatte. «Wo steht seine Couch?»

«Die Psychiatrie findet nur in Comics in der Horizontalen statt. Elmsworthy hat seine Praxisräume auf der Privatstation des Allgemeinen Krankenhauses, die, wie dir aufgefallen sein muß, als Charlotte das Kind bekam, baufällig, überfüllt und der Gewerkschaft der Krankenhausangestellten höchst verdächtig ist.»

Seine glanzlosen Politikeraugen leuchteten auf, wie die Augen eines Seemanns in einem Rettungsboot, der sich der Gesetze der Navigation entsinnt.

«Churchford braucht eine funkelnagelneue Privatklinik. Ich werde mich dafür einsetzen, sobald diese abscheuliche Angelegenheit vorbei ist. Ein bewundernswerter Kreuzzug für einen lokalen Abgeordneten, findest du nicht?»

Normalerweise überwies ich meine Patienten an Doktor Oliver Scuttle, der der allgemeinen Vorstellung von einem Psychiater so wenig glich wie Nelson einem Seehund. Ollie war auf Studienreise in Kanada, blieb also nur Walter Elmsworthy, ein drahtiger, blasser, dunkelhaariger Mann mit spitzer Nase und spitzer Zunge, der seinen Patienten mit verhaltener Verzweiflung gegenübertrat wie ein Verkehrspolizist den Autofahrern.

Eine Woche später flatterte ein Brief in meine Praxis:

Allgemeines Krankenhaus Churchford
Privatstation

Lieber Richard,

danke, daß Du Dr. Whynn zu mir geschickt hast.

Er leidet unter Gefühlen der Unfähigkeit und Unzulänglichkeit, die eine Depression mit möglicherweise suiziden Tendenzen hervorrufen. Es besteht die Gefahr, daß er auf ähnliche Weise in verantwortungsvollen Regierungspositionen reagieren wird, von denen er zuversichtlich annimmt, daß sie ihm später einmal angeboten werden.

Er zeigt auch Besorgnis darüber, daß er vor kurzem im betrunkenen Zustand eine Nacht (oder weniger) mit einer Prostituierten verbracht hat. Nach meinem Empfinden leidet er nicht so sehr unter Schuldgefühlen als unter der Angst, diese

Episode könnte ihn auf seinem Weg zu einem hohen politischen Amt, das er mit rücksichtsloser Entschlossenheit anstrebt, behindern.

Seine Ehe ist stabil.

Finanziell geht es ihm weitaus besser, als er aus politischen Gründen zugibt.

Die Symptome sind jüngsten Datums; es gibt keinen Hinweis auf depressive Leiden oder eine Angstneurose in früherer Zeit. Ich betrachte dies als eine vorübergehende Störung, hervorgerufen durch eine persönliche Abneigung gegen seinen Vorgesetzten, den Energieminister, von dem er auf fast verletzende Weise sagt, er sei «unfähig, das Ersatzteillager einer Werkstatt zu führen». Ich möchte ihn in drei Monaten nochmals untersuchen. In der Zwischenzeit sollte er von seinen beruflichen Verpflichtungen ausspannen. Die Behandlung mit Antidepressiva ist meiner Meinung nach nicht angezeigt.

Ich versicherte Mr. Whynn, daß ihm diese Episode schon bald nur noch wie ein bizarrer Fehltritt vorkommen werde in der erfolgreichen Karriere, wie er sie geplant hat.

Ich hoffe, Dich und Sandra auf der Cocktailparty der Freunde des Allgemeinen Krankenhauses zu sehen.

Mit freundlichen Grüßen
Walter

Dr. Walter Elmsworthy, Facharzt für Psychiatrie
M.D., M.R.C.P., M.R.C.P. psych.

Diese vertrauliche Mitteilung stand auf der ersten Seite meiner Sonntagszeitung.

4

Das Telefon klingelte bereits.

«Richard Gordon? Du Schwein! Du Laus! Du Mistkerl!»

Es war Charlotte.

«Was hast du dafür gekriegt? Einen Haufen Geld, nehme ich an. Hast du keinen Anstand? Kennst du denn kein Schamgefühl, keine Loyalität, Ehre, Ehrlichkeit, Menschlichkeit?»

«Ich, äh...»

«Wo bist du die ganze Nacht gewesen? Wahrscheinlich hast du dich versteckt. Ein Wunder, daß du nicht das Land verlassen hast.»

Ich hatte mich auf dem Jahresball des Golfclubs vergnügt.

«Ist dir eigentlich bewußt, was ich Furchtbares durchmachen muß? Die Kerle aus der Fleet Street, die mich alle fünf Minuten anrufen. Reporter, die wie Ratten in den Garten einfallen, auf dem Rasen ein riesiger Fernsehwagen, der, wie es im Moment aussieht, Monate dort stehen wird. Mein Gott, ich hör schon die Hubschrauber über unserem Dach.»

«Sieh mal, Charlotte...»

«Und ein Anruf... ein Anruf um Mitternacht... vom Ministerium!» Ihre Stimme überschlug sich. «Ruiniert! Jims Karriere ruiniert! Jetzt wird er nie Minister, nicht einmal so ein lächerlicher Kultur- oder Landwirtschaftsminister.»

«Laß mich doch erklären...»

«Gott sei Dank ist er in Sambia und nicht zu erreichen. Ich habe die ganze Nacht versucht, mit Lusaka zu telefonieren, aber die Leitung war besetzt. O Gott, was soll ich nur tun?»

«Darf ich dir etwas vorschlagen...?»

«Ich werde dich zugrunde richten. Ich werde dich vor Gericht zerren, von einer Instanz zur anderen. Ich werde dich mit Schadensersatzforderungen ruinieren. Ich werde dafür sorgen, daß deine ganze Familie von jeder anständigen Person in Churchford geschnitten wird.»

«Ich kann verstehen...»

«Mein Gott, wenn ich keine Frau wäre, würde ich kommen und dich grün und blau schlagen. Solltest du mir jemals wieder vor die Augen treten, könnte es durchaus sein, daß ich dir mit einem Schlachtermesser in der Hand an die Gurgel springe, und ich pfeif auf die Folgen!»

«Ich, äh...»

«Adieu.»

Diese Angelegenheit konnte man schwer im Pyjama regeln, und außerdem mußte ich dringend aufs Klo.

Sandra, die oben im Bett in ihrem Marks & Spencer-Spitzennachthemd saß und eine Tasse dampfenden Tee trank, bemerkte den besorgniserregenden Ausdruck in meinem Antlitz.

«Liebster! Irgend etwas Schlimmes mit einem Patienten?»

Schweigend legte ich die Zeitung aufs Bett. Es machte mich nur noch ärgerlicher, daß es sich nicht um unsere sensationslustige, vulgäre Sonntagszeitung handelte, sondern um die intellektuelle mit den Buchbesprechungen, kritischen Artikeln über Wein und unkritischen über Frauen und vielen Kochrezepten aus der Provence.

Sandra las die Schlagzeile: *Abgeordneter bei Prostituierter – ‹unfähig, selbstmordgefährdet›.* Sie schnappte nach Luft.

«Du hast das alles doch nicht etwa einem Reporter erzählt?» Sie hatte die Lektüre unterbrochen.

«Natürlich nicht», antwortete ich gereizt.

«Ich meine, spätabends in der Bar im Golfclub?»

«Ärzte brechen den hippokratischen Eid nicht, auch dann nicht, wenn sie ein paar getrunken haben. Sonst wäre es auch ein ziemlich sinnloser Eid, oder?»

«Gott sei Dank nennt die Zeitung weder deinen noch Walter Elmsworthys Namen.»

«Nur so können wir sie nicht verklagen», bemerkte ich mürrisch. «Jedes Wort dieses ‹Berichts eines namhaften Psychiaters› stand in dem Brief, den Walter mir letzten Freitag geschickt hat.»

«Wo ist dieser Brief jetzt?» fragte Sandra besorgt.

«Fest verschlossen in der Patientenkartei, hoffe ich.»

«Jemand ist eingebrochen und hat ihn gestohlen», rief sie aus. «So versuchen einige Leute an Drogen heranzukommen.»

In meinem Elend tat ich den Entschluß kund: «Ich fahre besser hin und sehe nach. Charlotte war am Telefon. Jetzt weiß ich, wie sich Guy Hawkes gefühlt haben muß, als er das Verschwinden all der Tonnen Schießpulver zu erklären versuchte.»

«Vielleicht hat *sie* es der Presse erzählt?» warf Sandra in ihrer klugen Art ein. «Aus Rache für dieses Flittchen aus Soho. Man weiß nie, was einer Frau so einfällt.»

«Jede Frau, die sich auch nur die geringste Chance verdirbt, Frau eines Premierministers zu werden, ist nicht rachsüchtig, sondern geisteskrank.»

Instinktiv fügte Sandra hinzu: «Glaubst du, daß unsere Kinder darunter zu leiden haben werden?»

«Sie ebenfalls zugrunde zu richten, wäre ein bißchen zuviel der alttestamentarischen Rache, selbst für die Ärztegesellschaft.»

Sie küßte mich theatralisch. «Liebster, ich werde dir beistehen.»

«Danke.»

Eine Ehefrau wird in einer Krise erschreckend wichtig, wie der normalerweise so wenig beachtete Notausgang.

Ich rasierte mich hastig und zog meine Golfsachen an. Ich war um zehn Uhr mit Jack Windrush, einem Pathologen vom Krankenhaus (der mit dem Humor eines Medizinstudenten gesegnet war) zum Golfspielen verabredet. Sandra regte sich auf, weil ich noch nicht gefrühstückt hatte.

«Vielleicht gerät das Ganze in Vergessenheit», sagte sie ermunternd, als ich ging. «War es nicht Gladstone, der meinte, eine Woche sei eine lange Zeit in der Politik?»

Während ich Richtung Chaucer Way fuhr, fühlte ich mich wie Jim Whynns französischer Aristokrat, der auf dem Schinderkarren zur Guillotine befördert wird.

Die geschäftigen Zeitungshändler feierten das erste Ritual des englischen Sonntags und kauften die Zeitungen. Die folgenden Rituale – ein Bier im Pub und ein Roastbeef – würden mit Jims Blamage gewürzt sein, die sicherlich bereits die Cornflakes seines gegnerischen Parlamentskandidaten versüßt hatten. Er hatte bei den Wahlen unerwartet gut abgeschnitten, der Liebling aus der New Town mit der noch in den Kinderschuhen steckenden Universität.

Ich sperrte die Haustür auf. Sonntags war die Praxis so leer und verlassen wie eine Schule während der Ferien. Zitternd betrat ich das kleine Hinterzimmer mit den grauen Metallaktenschränken. Schweißgebadet öffnete ich den mit der Kartei der Privatpatienten. Dann stieß ich einen Stoßseufzer der Erleichterung aus.

Und schon klingelte das Telefon.

«Richard? Hier spricht Walter. Sandra hat mir gesagt, daß du da bist. Was, um alles in der Welt, ist los?»

Ich setzte mich auf den Schreibtisch des kleinen senffarben gestalteten Sprechzimmers.

«Dein Brief ist in Sicherheit», versicherte ich ihm fröhlich. «Ich habe ihn.»

«Wem hast du ihn gezeigt?» wollte er wissen.

«Niemandem, verdammt noch mal!» rief ich aus. «Nicht einmal meinen Kollegen von der Praxis.»

«Dann muß ihn deine Sekretärin gelesen haben», entgegnete er schroff.

Ich war gekränkt. «Eher würde Mrs. Jenkins bei der nächsten Versammlung der Ärztegesellschaft auf dem Podium einen Striptease tanzen, als vertrauliche Mitteilungen über meine Patienten an die Zeitung weiterzugeben.»

«Oh, man kann heutzutage niemandem trauen», erklärte er mir wie Cäsars Geist, der zu Brutus spricht.

Ich entgegnete heftig: «Und wie steht's mit deiner Mrs. Proudfoot?»

«Ich habe sie gerade angerufen. Sie sieht im Krankenhaus nach, ob der Durchschlag des Briefes sicher in der Aktenablage der psychiatrischen Abteilung liegt.»

«Am besten, ich komme gleich zu dir.»

«Ja, das glaube ich auch», stimmte er gereizt zu.

Ich legte den Hörer auf. Ich war ärgerlich, weil Walter mich verdächtigte, den Brief weitergegeben zu haben. Dazu kam der unbehagliche Verdacht, daß er vielleicht sogar recht hatte.

Walter Elmsworthy wohnte in einem Haus mit Giebeldach und hübschem Garten, ungefähr zwei Kilometer vom Allgemeinen Krankenhaus entfernt, Richtung London. Er erwartete mich in dem sonnendurchfluteten Wohnzimmer und trug Jeans und ein knallrotes Poloshirt. Ihm gegenüber stand Lynda Proudfoot wie ein Häufchen Elend.

«Er ist verschwunden», sagte Walter unheilverkündend.

Geschickt verwandelte ich mein erleichtertes Aufatmen in ein Niesen.

«*Ich* war es nicht, Doktor, wirklich nicht. Ich kann es einfach nicht verstehen», meinte sie hartnäckig, den Tränen nahe. Sie war eine hübsche, braunhaarige Frau, mit einem Assistenzarzt vom Allgemeinen Krankenhaus verheiratet. «Ich habe meine Arbeit getan wie immer, so wie all die Jahre, die ich schon für Sie arbeite. Wenn wir auf der Privatstation fertig sind, nehme ich alle getippten Briefe mit zurück in unsere Abteilung und schließe die Durchschläge in den Aktenschrank. Ich bin sicher, daß ich das auch letzten Donnerstag getan habe. Sehen Sie, hier ist der Schlüssel, sicher in meinem Portemonnaie verstaut, zusammen mit meinem Organspenderausweis.»

Ich bemerkte zu Walter: «Vielleicht hat jemand das Schloß mit einem Dietrich geöffnet?»

«Wer?»

«Einer von Jim Whynns politischen Gegnern.»

«Oh, Watergate in Churchford», sagte er sarkastisch.

«Vielleicht war es Erpressung, und das Opfer weigerte sich tapfer zu zahlen.»

«Meiner Erfahrung nach tut es das aus Angst immer.»

«Ich möchte kündigen», sagte Lynda schnell.

«Davon will ich nichts hören», murmelte Walter.

«Ich muß. Ich bin dafür verantwortlich.»

«Oh, nein, nein, nein!»

«Ich bestehe darauf.»

«Na gut, wie Sie meinen.»

Sie schnappte nach Luft und starrte ihn an. Sie biß sich in die Handknöchel. Sie floh aus dem Zimmer, rannte aus dem Haus zu ihrem Auto, knallte dabei sämtliche drei Türen zu.

Es war eine scheußliche Situation. Ich brauchte dringend einen Whisky, und dabei hatte ich noch nicht einmal gefrühstückt.

Walter ging mit gerunzelter Stirn zum Telefon.

«Ich rufe die Polizei an.»

«Wozu? Das Unglück ist nun einmal geschehen. Warum noch mehr Staub aufwirbeln? Haben wir die arme Lynda für einen Tag nicht schon genug aus der Fassung gebracht?»

Er blickte mit Abscheu auf die Zeitung. «Dann ruf ich den Herausgeber an.»

«Du wirst niemanden erreichen», erklärte ich ihm. «Er würde dir nur ins Gesicht lachen. Die schützen ihre Informanten genauso wie wir unsere Berufsgeheimnisse. Das ist die Pressefreiheit. Obwohl ich persönlich nichts gegen die alte Sitte hätte, die Journalisten von Zeit zu Zeit an den Pranger zu stellen.»

«Wir *müssen* etwas tun», erklärte er ungeduldig.

«Warum? Gekonntes Nichteingreifen ist oftmals die weiseste Methode – in der Chirurgie wie im Leben.»

Walter zuckte die Achseln.

«Es muß jemand vom Personal gewesen sein. Wer sonst weiß um Lyndas tägliche Arbeit Bescheid? Eine von den Putzfrauen», entschied er. «Der Gesundheitsdienst stellt Leute ein, mit denen ich lieber nicht unter einem Dach wohnen möchte. Es ist ein Skandal, daß meine Abteilung nicht mit modernen Schreib- und Kopiergeräten ausgestattet wird. Außerdem müßte dringend ein Computer her, und ich könnte leicht noch ein halbes Dutzend Röntgenapparate gebrauchen. Diese Kürzungen!» murmelte er angewidert.

Ich rief aus: «*Der entwendete Brief!* Hast du die Geschichte gelesen? Ich hätte nie gedacht, daß ich einmal einen Edgar Allen Poe in der Wirklichkeit erleben würde.»

Er schüttelte gereizt den Kopf. Er schien meine literarischen Vergleiche nicht zu schätzen.

Ich sah auf die Uhr und war erstaunt. Gerade erst halb neun. Sandra hatte recht. Es zahlt sich nicht aus, morgens nichts zu essen – besonders, weil es sonntags immer ein Ei zum Frühstück gab. Ich verließ Walter, der verärgert zum Fenster hinausstarrte. Ich wollte irgendwo allein sitzen und nachdenken und entschloß mich, das Golfspiel abzusagen. Selbst Nero hat das Feuer nicht selbst gelegt.

Meine Tochter war schon zu Hause. Peter Teverill sollte zum Essen kommen.

Jilly ist blond und schlank und neigt, wie viele Ärztinnen, zur Herrschsucht. Der öffentliche Skandal dieses Morgens schien sie überraschenderweise kaum zu berühren. Ich glaube, wenn man jung ist und noch dazu kurz vor der Hochzeit steht, kümmert einen nicht einmal ein bevorstehender Atomkrieg, gegen den selbst der Gesundheitsdienst nicht gewappnet ist.

«Ruf einen Anwalt der Ärzteschutzvereinigung an», drängte sie mich. «Die helfen dir aus jeder berufsethischen Klemme.»

«Was für ein verdammt blöder Vorschlag an einem Sonntagmorgen», erklärte ich.

«Oh, die haben einen Notruf für Ärzte, die in flagranti oder wie auch immer ertappt worden sind», murmelte sie und vertiefte sich neuerlich in die widerliche Zeitung.

«Dieser Brief wurde von jemandem aus den Akten gestohlen, der genau wußte, wonach er suchte und wie er am meisten Schaden anrichten konnte», entgegnete ich, während ich mich genüßlich über meine Rühreier mit Speck hermachte. «Wird eigentlich viel gestohlen in unserem Krankenhaus?»

«Wirklich, Daddy, du weißt doch sicherlich, daß die häufigste Beschwerde beim Gesundheitsdienst diejenige wegen Diebstahls ist?» fragte sie mitleidig. «Angefangen von den Kreditkarten des Chirurgen bis zu den Pralinen des Patienten, während beide im Operationssaal sind. Ich frage mich manchmal, ob ich überhaupt die Nähte aus den Wunden zu entfernen brauche.»

«Wenn ich den Mund halte», überlegte ich weise, «braucht niemand in Churchford zu erfahren, daß Jim Whynn einer von meinen Patienten ist.»

«Jeder in Churchford weiß, daß Jim Whynn dein Patient ist.»

«Warum?»

«Weil du es selbst herumerzählt hast.»

Es war ein wunderschönes Wochenende, die Knospen brachen auf, und die Vögel zwitscherten. Ich kam mir vor wie ein Mörder, dessen streng vertrauliche Affäre mit dem Opfer auf verblüffende und erschreckende Weise zur öffentlichen Angelegenheit geworden ist.

Ich versuchte den ganzen Morgen, Charlotte telefonisch zu erreichen, aber sie hatte dieses Folterinstrument ausgeschaltet. Meine Partnerin von der Praxis, die mütterliche Doktor Elaine Spondek, rief an und tröstete mich, ebenso wie Doktor Quaggy.

«Richard, es tut mir wirklich leid, daß du so in der Klemme steckst», sprach er mit zuckersüßer Stimme. «Weißt du, Richard, du hattest allen Grund, stolz zu sein, daß unser Abgeordneter dir vor allen anderen Ärzten in Churchford den Vorzug gegeben hat. Ich hoffe wirklich, daß dieser Einzelfall – wie katastrophal er auch gewesen sein mag – dir nicht deinen glücklichen Lebensabend verdirbt, den du dir nach solch einer langen und glanzvollen Karriere verdient hast.»

«Verdammt noch mal, ich setze mich nicht zur Ruhe!» brüllte ich. «Ich bin der Frank Sinatra der Medizin!»

«Du hörst *nicht* auf?» fragte er schmerzlich überrascht. «Es tut mir leid, aber ich habe nur den Eindruck deiner Patienten wiedergegeben.»

Ich knallte den Hörer hin.

«Dieser als Taube verkleidete Aasgeier!»

«Oh, jeder weiß, daß er dich loswerden will, um seinen Sohn Arnold unterzubringen», bemerkte Jilly, die sich jetzt mit den «Neuesten Fortschritten in der Chirurgie» befaßte.

«Aber wenn du dich *nicht* zur Ruhe setzt, Liebster, macht das denn was?»

«Quaggy hat die gesamte Bevölkerung von Churchford seit Monaten streng vertraulich dahingehend informiert, daß ich mich entschlossen hätte aufzuhören. Und Gerüchte werden von selbst Wahrheit, so wie der Wind die Schiffe gegen die Felsen treibt.»

«Arnold Quaggy war bei uns am St. Swithin als der ‹Bandwurm mit Bulimie› bekannt», sagte Jilly. «Das ist die neue Freßsucht», erklärte sie herablassend.

«Vielleicht sollte ich mich *wirklich* zur Ruhe setzen», schlug ich nüchtern vor. «Wir könnten in der Algarve leben und das ganze Jahr hindurch ein Wetter wie jetzt genießen. Ich weiß, Liebes, wie sehr du dich den Winter über nach der Sonne sehnst», sagte ich liebevoll zu Sandra. «Wie eine Blume.»

«Würdest du aufhören, Daddy, wärst du wie Jesus ohne Sünder», erklärte Jilly entschieden.

«Warum ist die Medizin so kompliziert geworden, während sie doch früher ganz einfach dazu diente, die Menschen gesund zu machen?» beklagte ich mich bitter.

Peter Teverill erschien mittags. Die Stimmung beim Essen war düster.

«Wißt ihr schon, wann ihr heiraten werdet?» fragte Sandra mit verhaltener Ungeduld, während wir uns über die gebratene Ente hermachten.

«Es ist unheimlich schwierig, Mum, jetzt, da ich hier in Churchford arbeite und Peter eine Stelle als Assistenzarzt in den Midlands hat», jammerte Jilly.

«Wen Gott zusammengeführt hat, bringt der Gesundheitsdienst wieder auseinander», verkündete Peter.

«Wegen der Ärztearbeitslosigkeit, diesem furchtbaren Kampf um Arbeitsplätze», fuhr Jilly traurig fort, «und dem Zwang, dorthin gehen zu müssen, wo man einen Job bekommt, ist die Scheidungsrate bei jungen Ärzten erschreckend hoch.»

«Weitere Opfer der Kürzungen», seufzte Peter vergnügt.

Peter Teverill sah gut aus und war immer gut angezogen. Während seines Medizinstudiums hatte er alle möglichen Preise und Stipendien bekommen. Mit dem Frauenärzten und Discjockeys eigenen Charme tat er beharrlich so, als wüßte ich mehr als er.

«Bei der Pille beträgt der Risikofaktor 0,16 Prozent, bei den intrauterinären Verhütungsmitteln 1,5 Prozent, bei den spermienabtötenden Cremes 11,9 Prozent und bei der weiblichen

Sterilisation 0,13 Prozent», führte er aus, während er der Rhabarbertorte zusprach. «Das ist natürlich nichts Neues für dich, Richard.»

Ich kam mir daraufhin so jämmerlich unwissend vor, daß ich nervös konterte, indem ich den praktischen Arzt als den wahren Erben Hippokrates' hinstellte, als denjenigen, der sich mit dem ganzen Menschen und seiner Umwelt beschäftigte. Ich erschrak, wie aufgeblasen das klang.

In den Abendnachrichten im Fernsehen wurde bekanntgegeben, daß sich Jim auf dem Rückflug von Lusaka nach London befand. Auch der niederträchtige Herausgeber der Zeitung kam ins Bild, ein schlanker, harmlos aussehender Mann mit vollem Haar, der sich nicht zu schämen schien.

Er strahlte vor Zufriedenheit – ein Mann, der feststellte, daß sich seine Pflicht glücklicherweise mit seinen Absichten deckte – und beharrte auf dem Standpunkt, daß das psychiatrische Gutachten über einen Parlamentsabgeordneten, der zu solch widerwärtigem Verhalten neige, von nationaler Bedeutung sei und nach Veröffentlichung schreie. Er gestand, keine Ahnung zu haben, wie der Brief in sein Büro in der Fleet Street gelangt war.

«Der Portier fand ihn auf dem Boden der Eingangshalle.» Er grinste. «Vielleicht ist er von einem vorbeifahrenden Lieferwagen geflogen?»

«Wie, glaubst du, wird die Regierung reagieren?» fragte Sandra, als wir zu Bett gingen.

«Sie wird die Situation zutiefst bedauern», meinte ich, «und auch, daß im Postbezirk EC 3 die Folter nicht mehr angewandt werden darf.»

5

Am Montag fuhr ich morgens wie gewöhnlich in die Praxis. Zwei Kriminalbeamte waren schon vor mir da.

Mrs. Jenkins, meine Sprechstundenhilfe, war entsetzt, Mrs.

Flowerbutts, unsere Putzfrau, zitterte. Ich begrüßte sie mit aschgrauem Gesicht. Ein Polizeiauto im Rückspiegel gibt mir immer das Gefühl, Jack the Ripper zu sein.

Es waren ein junger Sergeant und ein Konstabler mit gesunder Gesichtsfarbe und dem eifrig-fröhlichen Flair eines Golfprofis. Sie zeigten mir eine maschinengeschriebene Liste, auf der die rund ein Dutzend Einbrüche verzeichnet waren, die seit der Eröffnung der Praxis verübt worden waren. Ich hatte sie vergessen wie die Strafzettel für falsches Parken.

Sie sahen die Patientenkartei ein. Sie fragten höflich nach Verdächtigen. Sie kündigten an, wiederzukommen.

Nachdem sie gegangen waren, rief ich die psychiatrische Abteilung des Krankenhauses an.

«Bei mir sind vier», sagte Walter düster. «Sie fotografieren und nehmen Fingerabdrücke und stellen blöde Fragen. An Arbeit ist heute morgen gar nicht zu denken. Es ist einfach unerhört, wie die Patienten darunter zu leiden haben. Wenn ich nur wüßte, wie das passiert ist.»

«Wer auch immer es war, wir beide stehen im Rampenlicht der Nation», informierte ich ihn.

Ich kaufe nie eine Zeitung. Die Schlagzeilen der Blätter, die jeden Morgen in unserem senffarbenen Wartezimmer rascheln, bieten einen guten Querschnitt durch die gesamte Presse. An diesem Montagmorgen stand der Energieminister im Mittelpunkt und nicht mehr Jim, dessen scharfe Bemerkung über seinen Chef mit Schadenfreude und Beifall aufgenommen worden war.

Bereits seit längerer Zeit stand er im Kreuzfeuer der Presse, wegen seiner wehleidigen Geringschätzung derjenigen, die nicht seine Meinung teilten, besonders, wenn es dabei um ihn selbst ging. Ich stimmte den Zeitungen von ganzem Herzen zu. Dieser Mensch war bereits früher ein unausstehlicher Gesundheitsminister gewesen, dessen Karriere darunter zu leiden hatte, daß er während eines Fernsehauftritts Magenkrämpfe bekam, als er in seiner kriecherischen Art gerade den neuen, von der Regierung subventionierten Käse probierte, wie sich meine Patienten vielleicht erinnern werden.

Als ich Sandra beim Mittagessen von den Kriminalbeamten erzählte, antwortete sie, absolut jeder in Churchford sei überzeugt, daß ich das psychiatrische Gutachten an die Öffentlichkeit gebracht hätte. Ich stöhnte frustriert auf, wie Kapitän Dreyfus auf der Teufelsinsel.

Im Fernsehen wurde an diesem Abend Jims Ankunft in Heathrow gezeigt. Er stand da, die Hände in den Taschen seines gegürteten Regenmantels vergraben, und äußerte sein Bedauern über die Schwierigkeiten, in die die ganze Angelegenheit den Premierminister, die Regierung und seine Familie gestürzt habe. Ich saß an Sandras Sekretär und schrieb eifrig einen Brief an Charlotte, der so traurig und unglücklich klang, als handelte es sich um den Abschiedsbrief, den meine Familie finden sollte, nachdem ich mich aufgehängt hatte.

Die Standuhr in der Diele schlug Mitternacht, als ich nach oben und zu Bett gehen wollte.

Das Telefon klingelte.

Ich griff zum Hörer. «Jim?»

Stille.

Ich sagte ein paarmal «Hallo?». Schweres Atmen. Ein obszöner Anruf? Eine Drohung? Einigen Leuten macht es Spaß, Menschen, die sich in einer mißlichen Lage befinden, anonym Gemeinheiten an den Kopf zu werfen.

«Ist dort der Doktor?» kam es unmißverständlich.

Es war Sir Damian Havers – und seine Stimme erinnerte an eine uralte, knarrende Eiche im Sturm.

«Was ist los?» fragte ich unwirsch.

«Ich sterbe.»

Ich ließ den dramatischen Effekt auf mich einwirken. Sir Damian starb bereits, wenn er sich erkältet oder den Finger in der Tür seines Rolls Royce eingeklemmt hatte.

«*Woran* sterben Sie?» wollte ich wissen.

«Ich glaube, ich habe Fieber.»

«Reicht es nicht, wenn ich morgen früh vorbeikomme?»

«Morgen früh? Ich fürchte, so lange werde ich nicht auf dieser Erde verweilen.»

Ich zögerte.

Eine rauhe Regel der Medizin besagt, daß selbst Hypochonder krank werden. Meine Praxis war bereits genug vom Pech verfolgt. Dann fiel mir ein, daß der verdammte Kerl mir noch fast tausend Pfund schuldete. Immer wenn ich ihn daran erinnerte, vollführte Sir Damian die graziöse Geste Antonios, der Shylock entläßt, und murmelte: «Mein Agent wird sich darum kümmern, lieber Junge. Ich habe einfach keinen Sinn für Geld. Ich wüßte nicht einmal, wie man in einem Postamt eine Dreieinhalbpennymarke kauft.»

«Ich komme gleich», sagte ich mürrisch.

Ich ging zurück zu dem Sekretär, schrieb eine Honorarnote für geleistete ärztliche Dienste, steckte sie ein und rief Sandra zu, daß ich noch einmal weg müsse. Kaltes Essen und kalte Betten sind typisch für die Ärzteehe.

Ich fuhr über mondhelle Straßen nach Buskins, Sir Damians Wohnsitz, der über dem Weald of Kent lag. Unsere erfolgreichen Schauspieler sind wie unsere erfolgreichen Politiker erpicht darauf, Landedelleute zu werden. Ich überlegte, daß Sir Damians Sterbesucht dadurch verschlimmert wurde, daß er hauptsächlich Shakespeare spielte. Shakespeare-Schauspieler müssen viele Tode sterben, bevor es wirklich soweit ist. Hamlet, Othello, Macbeth und all die anderen Heldenrollen haben die kurze Regieanweisung «stirbt», wenn das Publikum schon unruhig zu werden und an ein nettes Steak mit Chips und eine Flasche Beaujoulais zu denken beginnt.

Eine Handvoll Schauspieler – wie der Fernsehstar Nigel Vaugham, den ich davor bewahrt hatte, aus dem Drehbuch des Lebens gestrichen zu werden – wohnten in Churchford, in angenehmer Reichweite vom Westend. Sie waren begeisterte Patienten. Schauspieler kommen wegen jeder Kleinigkeit zum Arzt gelaufen wie zu einem Kindermädchen, weil sie das Peter-Pan-Syndrom sehr genießen. Mit kindlich-naivem Auftreten und Verstellungskünsten machen sie das große Geld, in Sir Damians Fall sogar das ganz große.

Ich erreichte das elisabethanische Herrschaftshaus mit dem dunklen, windschiefen Schindeldach. Alle Fenster waren hell erleuchtet; es sah aus wie ein Bühnenbild. Sollte ich etwa unfreiwilliger Teilnehmer an einer glitzernden Showbiz-Party werden? Ich horchte. Im Haus herrschte eisige Stille wie in einem leeren Theater. Ich griff nach dem schmiedeeisernen Glockenzug neben dem eisenbeschlagenen Tor.

Ich hörte leichte Schritte näher kommen. Das Tor öffnete sich knarrend. Vor mir stand Herbert, Sir Damians Freund. Er war mager, blaß, hatte rotblonde Haare (gefärbt), hautenge Jeans und einen Gang, als balancierte er auf einem Seil.

Ich fragte: «Was fehlt ihm?»

Herbert kicherte. «Vielleicht Aids, es würde mich kein bißchen wundern.»

Ich betrat die Halle mit dem Steinboden. Die beiden schienen allein in dem kahlen, zugigen, hallenden Haus zu sein. Herbert verzog das Gesicht.

«Hummer *Thermidor* nach dem Auftritt», sagte er streng. «Ich bitte Sie! Es ist ihre eigene Schuld. Zuviel gegessen, habe ich ihr auf den Kopf zugesagt. Manchmal glaube ich, sie macht sich noch zur Märtyrerin ihres Magens. In ihrem Alter sollte sie es besser wissen, selbst wenn sie nur so alt wäre, wie sie es den Journalisten erzählt.»

Ich folgte Herbert die Treppe aus Eichenholz hinauf. Sir Damian war natürlich schwul.

«Hier ist der Doktor, Liebes», verkündete Herbert eher mißbilligend als beruhigend.

Er öffnete die Tür eines holzgetäfelten Zimmers mit Balkendecke, in dem ein riesiges Himmelbett stand, das dem Totenbett Shakespearescher Könige alle Ehre gemacht hätte, wenn man von den pinkfarbenen, rüschenbesetzten Kissen und dem Teddybären absah.

Sir Damians Unterkiefer glich einer Schaufel, und seine Augenbrauen erinnerten an ein Paar schlafende Skye-Terrier. Dichtes graues Haar fiel ihm auf die knochigen Schultern, seine Augen funkelten wie Bühnenscheinwerfer, und seine Wangen waren so hohl wie die Yoricks.

Seine Stimme klang wie der Wind, der durch mittelalterliche Festungen braust: «Ich glaube, ich fühle mich schon besser. Herbert, sei ein Schatz und hol eine Flasche Champagner!»

«Also wirklich! Das ist ja unerhört!»

Herbert schlug auf Damians Handgelenk.

«Oh, sei doch nicht so gemein», sagte Sir Damian.

Anmutig versetzte Herbert ihm einen Klaps.

«Es ist nur zu deinem Besten, Liebes. Ich möchte nicht deine Innereien haben, nicht um alles in der Welt.»

«Aber erinnerst du dich noch daran, was in Hull passiert ist?» fragte Sir Damian majestätisch. «Ich wurde von der Witwe Cliquot gerettet, als ich im Sterben lag, in der Nacht, als ich in Heinrich V. von Harfleur überrascht worden war.»

Herbert stemmte die Hände in die Hüften.

«Nein, Süße», widersprach er. «In Hull war die Sache mit dem entsetzlichen Weib, das ihr Kind im Parkett zur Welt brachte, und die damit deinen Auftritt so gut wie ruiniert hat.»

Sir Damians eherner Blick wurde weich; es war der Blick eines Königs, der sich längst vergangener Schlachten entsinnt. «War es in Stoke-on-Trent, als ich während der Balkonszene eine Küchenschabe in meiner Perücke hatte?»

«Nein, Darling, das war in Portsmouth. Stoke-on-Trent – das war die Maus in Titanias gefälteltem Kleid.»

Beide lachten. «Aber da war doch auch irgend etwas in Cardiff, Herbert?»

«Ja, Liebes, das Theater stand in Flammen.»

«Ja, ich erinnere mich», verkündete Sir Damian feierlich. «Die Leute verlangten ihr Geld zurück. Die Direktion hatte ganz recht, nur denjenigen den Eintrittspreis zurückzuerstatten, die ein bißchen angesengt waren.»

Ich hüstelte.

«Ah, der Doktor», erinnerte er sich munter. «Sie müssen darüber in meiner Autobiographie *Die ganze Welt ist eine schlechte Bühne* lesen. Ist gerade erschienen, ganz außerordentliche Kritiken, aber sicher kennen Sie sie bereits.»

Er seufzte wie ein leichter Wind, der durch uralte Ulmen fährt.

«Vielleicht war die wirkliche Rolle meines Lebens die eines großen Schriftstellers, wie... wie... wie heißt er doch gleich, Herbert? Dickens!»

Er langte zum Nachttisch mit der rosa Lampe.

«Zufällig habe ich einige Exemplare zur Hand. Sie sollen eines davon bekommen. Und ich werde es signieren.»

Ich stammelte meinen Dank für die besondere Ehre.

«Sie werden ganz einfach hingerissen sein von den Geschichten über unsere beiden Lieblinge, die beiden Sir Johns», versprach er und schmückte die erste Seite des Buches mit seiner Unterschrift. «Und fasziniert von meinen genialen Theorien über unsere anspruchsvolle Kunst.»

Er überreichte mir das Buch. Ich hatte bei den paar Schauspielern unter meinen Patienten bemerkt, daß sie unter der charmanten Einbildung leiden, ihr Werk sei für den Lauf der Geschichte bedeutsamer als ein Kasperltheater.

«Ich werde Sie untersuchen, Sir Damian.»

«Oh, ich fühle mich wieder ausgezeichnet. Danke. Aber es war nett von Ihnen, daß Sie gekommen sind.»

«Zu meinem Besten, nicht zu Ihrem», erklärte ich energisch und schlug die Bettdecke zurück. «Sie wollen mich doch nicht etwa verklagen müssen, weil ich ein perforiertes Geschwür übersehen habe, oder?»

«Übrigens, in diesen durchsichtigen Nachthemden schläft man doch viel angenehmer», bemerkte er.

Ich fand nichts Beunruhigendes. Das Nachthemd war feuerrot. Vergeblich versuchte ich, Sir Damians Parfum zu identifizieren.

Ich sagte: «Nehmen Sie zwei von diesen weißen Tabletten, wenn Sie wieder Verdauungsstörungen haben sollten. Und darf ich bei dieser Gelegenheit mein Honorar erwähnen? Der heutige Besuch ist darin nicht inbegriffen.»

Sir Damian nahm das Blatt und las es. Seine Augenbrauen zitterten und kamen so eng zusammen wie zwei Terrier bei der Paarung.

«Der Hunger sitzt in deinen hohlen Backen. Not und Bedrängnis darbt in deinem Blick. Auf deinem Rücken hängt zerlumptes Elend», zitierte er wie ein Echo aus einem Grab.

«So schlecht steht es um den Gesundheitsdienst nun auch wieder nicht», entgegnete ich.

«Das war Romeo, der zu seinem Apotheker spricht. Und der Kerl wollte nur vierzig Dukaten. Herbert, kümmere dich irgendwann einmal darum.» Sir Damian reichte ihm die Honorarnote. «Und jetzt hätte ich gerne ein *Welsh Rarebit.*»

«Ich habe keine Lust, um diese Zeit mit klebrigem heißen Käse herumzuhantieren», widersprach Herbert.

«O doch», versicherte ihm Sir Damian. «Oder du wirst wieder am Leicester Square auftreten müssen.»

Vor dem Schlafzimmer machte Herbert eine vielsagende Geste: Er rieb Daumen und Zeigefinger vor meinem Gesicht. «Das Geld!»

«Ah, Sie haben es zur Hand?»

«Für die Autobiographie. Der Preis steht auf dem Umschlag. Das hier ist keine öffentliche Bücherei, wissen Sie. Sie bekommen für Ihr Geld auch schließlich sechsunddreißig Bilder von Sir Damian.»

Ich zog meine Brieftasche hervor, immerhin, das alles lenkte mich von Jim Whynn ab.

6

Am nächsten Morgen verkündeten die Zeitungen, daß Jim Whynn von seinem Regierungsposten zurückgetreten war. Es war die schlimmste Woche meines Lebens – und erst Dienstag.

In meine Praxis kam ein weiterer von Walter Elmsworthys Privatpatienten.

Douglas Blackadder war Steuerberater, in der Londoner City ansässig, Gemeinderatsmitglied in Churchford und ein alter Freund von mir. Er hatte mich gebeten, mir einmal seine neunzehnjährige Tochter Annabel anzusehen. Wie viele Jugendliche, deren psychologischer Mechanismus sich noch nicht eingespielt hatte, war sie widerborstig, verübte Ladendiebstähle, rauchte Haschisch, demonstrierte gegen Atomkraft, protestierte eben auf die konventionelle Art gegen die Konventionen.

Sie war hübsch, blaß, hatte ungepflegtes, langes blondes Haar, trug wadenlange Jeans und pinkfarbene Pumps, ein bedrucktes T-Shirt, keinen BH sowie mehrere Ringe an Fingern und Ohren.

Walters Gutachten war kurz. Er war ein unausstehlicher Mensch, aber ganz vernünftig als Psychiater. Er verschrieb nur AL, nämlich «Aufmerksamkeit und Liebe», ein Heilmittel, das es schon lange gab, bevor sich noch der Arzt in das Leben der Menschen einmischen mußte.

Tröstend sagte ich zu ihr über den Schreibtisch hinweg: «Deine Probleme sind nichts anderes als geistige Wachstumsschmerzen, Annabel. Du darfst dich nicht als mißratenes Kind fühlen, das in einem Heim oder noch schlimmer enden wird. In ungefähr einem Jahr wirst du dich wundern, was für einen Blödsinn du angestellt hast.» Ich lächelte. «Wenigstens stehst du nicht in der Zeitung.»

Sie schluckte. «Doktor Gordon...»

Sie hielt inne.

Ich fragte sanft: «Du bist doch nicht etwa in größere Schwierigkeiten geraten, seit du bei Doktor Elmsworthy warst?»

«O nein», antwortete sie scharf. «Eigentlich nicht. Na ja, vielleicht doch irgendwie.» Hastig fuhr sie fort: «Sie kennen doch dieses Zimmer für Privatpatienten im Krankenhaus, wo auch diese Sekretärin sitzt und man wartet, bis man drankommt. Na ja, sie ging aus dem Zimmer, um etwas zu holen, und da hab ich zufällig die Briefe auf ihrem Schreibtisch gelesen. Der eine handelte von Mr. Whynn, und so steckte ich den Durchschlag in die Hosentasche. Ich meine, es ist ein Skandal, oder etwa nicht?» fragte sie mit schriller Stimme. «Wenn ich ihn nicht gelesen hätte, wäre doch alles für immer vertuscht worden. Mein Gewissen ist rein wie ein unbeschriebenes Blatt.»

Sie lachte.

Mir standen die Haare zu Berge.

«Das war sehr ungezogen von dir», sagte ich, als ich die Hände vom Gesicht nahm.

«Wenn der Brief wirklich so wichtig war, dann hätten ihn die dort nicht so herumliegen lassen sollen», rechtfertigte sie sich schnippisch. «Die haben nicht einmal bemerkt, daß er verschwunden war. Als ich hinausging, war die Dame ganz freundlich.»

Ich seufzte. «Ist dir eigentlich klar, meine liebe Annabel, was du da angerichtet hast?»

«Es war nicht meine Schuld. Das hat er sich alles selbst zuzuschreiben, oder etwa nicht?» erklärte sie frech.

Plötzlich irrte ihr Blick in die entfernteste Ecke des Sprechzimmers, und sie sagte kläglich: «Als ich den Brief fand, wollte ich nicht, daß ihn die Zeitung bekam. Ich wußte nicht, was ich damit anfangen sollte. Ich hatte ganz einfach Angst. Als ich draußen war, dachte ich daran, ihn zurückzubringen, aber ich konnte es nicht. Die da drinnen wären so böse auf mich gewesen. Statt dessen hatte ich vor, ihn zu zerreißen. Wenn ich es doch getan hätte!»

Sie saß da, starrte mich an und blinzelte.

«Aber wie ist er dann in die Zeitung gekommen?» fragte ich hartnäckig.

«Durch einen anderen Abgeordneten. Am selben Abend ging ich in eine Disco in London in Candon Town, es war die *Youth for*... was weiß ich was. Ich hab ihn dort getroffen. Er war wirklich charmant.» Ihr Gesicht leuchtete auf. «Wie ein ganz gewöhnlicher Mensch. Tanzte mit jedem.»

«Ein Abgeordneter von Jim Whynns gegnerischer Partei?»

Sie nickte.

«Ja, richtig. Meine politischen Ansichten stimmen nicht mit denjenigen Whynns überein, wissen Sie, auch nicht mit denen meines Vaters. Deshalb fragte ich ihn, ob er Mr. Whynn kenne. Und er lachte und sagte: ‹Wer kennt ihn nicht? Mr. Whynn sorgt schon dafür.› Und ich sagte, ebenfalls lachend, ich wüßte etwas über Mr. Whynn, was sonst niemand weiß. Er zeigte plötzlich großes Interesse und fragte, was das denn sei. Ich weiß nicht warum, ich hatte noch nie zuvor mit einem Abgeordneten gesprochen, aber ich glaubte, ich müßte ihm alles erzählen, was er wissen wollte. Jedenfalls fragte er mich weiter aus, und so nahm ich den Brief aus der Tasche und ließ ihn ihn lesen.»

Sie legte eine Pause ein.

«Ich nahm an, daß er nur Spaß machte und daß er mir den Brief zurückgeben würde, aber er sah furchtbar ernst drein und sagte: ‹Dieser Mann verdient es nicht, einfache, anständige Menschen im Parlament zu vertreten. Dies ist ein Beweis für das, was wir alle glauben: Das einzige, was ihm am Herzen liegt, sind seine eigenen Interessen und dieser schmutzige Sex.› Er sagte, es sei seine Pflicht als Bürger, ihn der Öffentlichkeit zu übergeben. Plötzlich bekam ich es mit der Angst zu tun. Ich wurde da in etwas hineingezogen, was ich nicht richtig verstand. Aber er legte den Arm um mich und meinte: ‹Mach dir keine Sorgen, Annabel. Ich gebe dir mein Ehrenwort als Abgeordneter, dich vor allen Folgen zu schützen.› Genau das waren seine Worte. Und, wie ich schon sagte, er war super, und deshalb nickte ich nur, und er meinte: ‹Geh nicht weg, während ich telefoniere.› Nach fünf Minuten kam er zurück und sagte: ‹Fahr in die Redaktion dieser Zeitung. Hier hast du das Fahrgeld, nimm dir ein Taxi.› Von da an wurde ich von den Ereignissen überrollt. Unten wartete eine Frau auf mich. Sie führte mich in ein Büro, wo der Herausgeber der Zeitung persönlich saß. Sie haben ihn im Fernsehen gesehen?»

Ich nickte.

«Er sagte: ‹Es liegt im Interesse unseres Landes, diese abscheuliche Geschichte zu veröffentlichen. Es war mutig von dir, den Brief an dich zu nehmen.› Da bekam ich es wieder mit der Angst zu tun, weil ich nie auf den Gedanken gekommen war, etwas Mutiges, geschweige denn Falsches getan zu haben. Ich meine, es war doch nur ein Brief, oder? Ich sagte zu ihm: ‹Hoffentlich bekomme ich keine Schwierigkeiten.› Und er antwortete: ‹Auf gar keinen Fall. Wie jeder Herausgeber schütze ich immer meine... meine...›»

«Informationsquelle?» half ich ihr.

«Ja, genau. Und er umarmte mich ebenfalls.»

«Hat er dir Geld gegeben?»

Sie sah mich erstaunt an. «Aber nein!»

«Wie hast du am nächsten Morgen reagiert, als du all die Schlagzeilen sahst?»

Sie zuckte die Achseln. «Komisch, aber es schien nichts mit mir zu tun zu haben. Ich war vielleicht ein bißchen schockiert. Daddy dachte, ich sei krank oder so.»

Wir starrten einander an. Ich fühlte mich auf erschreckende Weise, wenn auch völlig unbegründet, für die Katastrophe mitverantwortlich. Bellocs Tante, die von dem interessanten Theaterstück *Die zweite Mrs. Tanqueray* zurückkommt und sieht, daß das Haus samt der verlogenen Mathilda abgebrannt ist, muß sich ganz genauso gefühlt haben.

«Ich bin der einzige Mensch auf der Welt, mit dem du darüber sprechen kannst?»

Sie nickte.

Ich entschied: «Was passiert ist, kann nicht rückgängig gemacht werden. Das ist die tröstlichste Art, Fehler zu betrachten. Ich rate dir, niemanden etwas davon zu erzählen.»

Sie fragte mit kindlicher Unsicherheit: «Aber ich habe doch nichts falsch gemacht, oder?»

«Das weiß ich nicht. Ich bin Arzt, kein Priester.»

Sie erschreckte mich mit ihrem Kichern. «Es ist alles so aufregend, was? Ich meine, ich hab der Regierung einen ganz schönen Schlag versetzt. Kaum ein anderer hätte das gekonnt. Egal, sie verdienen es auch nicht anders, wenn man zum Beispiel die Brutalität der Polizeigewalt gegenüber Streikenden betrachtet.» Sie ging hinaus.

Ich stöhnte.

Ich rief Walter Elmsworthy an. Seine neue Sekretärin sagte mir, daß er seine Sprechstunden abgesagt habe und für ein paar Tage weggefahren sei. Unbekannten Aufenthalts. Er brauche Ruhe. Ich war erleichtert. Ein Mann, der Höllenqualen leidet, braucht nicht auch noch Vorwürfe.

Der hippokratische Eid besagt schlicht: Alles, was der Arzt beruflich oder privat sieht oder hört und was nicht verbreitet werden soll, wird er für sich behalten und niemandem weitererzählen. Das soll den Arzt nicht zu einem Heiligen machen, sondern dem Patienten die Möglichkeit geben, sich frei auszusprechen. Die Wahrheit kann schmerzlicher sein als die Krankheit, aber der Arzt muß sie vielleicht kennen, um den Patienten heilen zu können. Wer eine Schußwunde hat, geschmuggelte Diamanten verschluckt oder Drogen nimmt, muß einen Arzt aufsuchen können, ohne gleich aus dem Sprechzimmer ins Gefängnis zu wandern. Die ärztliche Ethik ist auf die Praxis ausgerichtet wie die übrige Medizin.

Annabel war ein dickköpfiges junges Ding, das ausgenützt worden war. Ich konnte wohl mit Walter oder einem anderen Arzt über sie sprechen. Wenn ich aber Jim, ihrem Vater oder der Polizei oder jemandem anderen ihr Geheimnis verriet, konnte Äskulap, der Gott der Heilkunst, zu Recht in meine Praxis stürmen und mich mit seinem Schlangenstab niederknüppeln.

Ich kam zu spät zum Essen. Sandra sah mich besorgt an. Sie fragte: «O Gott, was ist denn jetzt wieder passiert?»

Ich murmelte etwas von Migräne.

Der Eid! Er beengte mich und scheuerte wie eine Zwangsjacke.

Das Ehebett sollte nie mit Geheimnissen gepolstert sein – ausgenommen natürlich jene, durch die man sonst unsanft hinausgeworfen würde –, aber ich redete nicht gern über die heiklen Dinge meines Berufs. Irgendwie war ich ein Fleisch mit meinen Patienten ebenso wie mit meiner Frau.

Sandra sagte: «Migräne? Du hast noch nie Migräne gehabt.»

«Nun, dann habe ich sie eben jetzt.»

«Du bist schon viel zu alt, um jetzt noch Migräne zu bekommen. Die kriegt man immer schon mit zwanzig.»

Ich entgegnete: «Sag mal, wer ist hier der Arzt, hm?»

Sie sagte: «Also wirklich! Wenn du unbedingt so überempfindlich und flegelhaft sein willst, kannst du gern allein essen.»

Sie knallte die Küchentür zu. Ich fragte mich, ob Hippokrates wohl verheiratet war.

Mittwoch. Es war deprimierend kalt geworden.

Ich warf einen Blick in die Morgenzeitung, während ich Briefe über meine Patienten vom hiesigen St.-Ethelnoth-Hospiz durchsah, einer der Endstationen des Lebens. Es waren stets so viele schlechte Nachrichten, wie der Totenvogel Federn hat.

Findige Reporter hatten die Prostituierte aufgestöbert. Mrs. Maureen Flynn, 25, hübsch, dunkelhaarig, saß in ihrem getupften Kleid neben dem Kamin und wirkte so bescheiden wie jede andere brave Hausfrau. Jim sei ein richtiger Gentleman gewesen. Bei zwei Kindern müsse man sehen, wie man zurechtkomme, seit Mr. Flynn eines Morgens zum Rennen gegangen war und sich nie wieder hatte blicken lassen. Die Presse machte auch Mr. Vella, den Besitzer des Clubs, ausfindig, der empört abstritt, auch nur das geringste von privaten Abmachungen zwischen den Clubmitgliedern und ihren Tanzpartnern zu wissen. Er sollte keine Abgeordneten einlassen, klagte er, sie machten nur Ärger.

Jim Whynn tat mir mehr leid. Statt in der Sache einen Skandal zu sehen, machte man sich jetzt über ihn lustig. Ein bekannter Mann, dessen Liebesleben Allgemeingut wird, sollte wie ein König und dessen Kurtisanen behandelt werden. Er muß sich wie ein Paterfamilias viktorianischer Zeiten vorgekommen sein, der mit dem Baby des Hausmädchens konfrontiert wird.

Als ich zur Morgensprechstunde kam, waren die zwei Kriminalbeamten bereits da.

Der Sergeant fragte mich, ob ich schon irgendeinen Verdacht hätte.

«Nein, keinen.»

«Vielleicht irgendein Hinweis, Doktor?»

«Nicht der geringste.»

Ich rutschte unbehaglich auf meinem Stuhl hin und her. Ich kam mir vor wie der Hund von Baskerville, dem Sherlock Holmes befiehlt: Sitz!

«Wären Sie bereit, Ihre Aussage zu Protokoll zu geben?»

«Ja, natürlich.»

Ich sollte das Protokoll am nächsten Morgen auf dem Kommissariat in Churchford unterschreiben.

Ich beging ein Verbrechen. Meineid? Irreführung der Behörden? Hochverrat? Ich hatte keine andere Wahl.

Nachdem die beiden gegangen waren, sagte Mrs. Jenkins, Jim habe durch seine Sekretärin ausrichten lassen, daß ich ihn anrufen sollte, und Sir Damian würde gern mit mir über meine Honorarnote sprechen.

Ich fuhr nicht zum Essen nach Hause, sondern zu Jim. Eine Horde Reporter lungerte am Tor herum. Ein paar knipsten mich. Ich fühlte mich so furchtbar schuldig, daß ich mir einbildete, sie kannten mein Geheimnis. Wahrscheinlich hatten sie sogar Jims Milchmann auf einem Foto verewigt.

Charlotte öffnete die Haustür. Sie sagte, es tue ihr leid, daß sie so ausfallend gewesen sei. Ich blieb auf Distanz, vielleicht spukte das Schlachtermesser immer noch in ihrem Kopf herum.

Es war beeindruckend, wie beherrscht Jim war.

«Wer war es?» fragte er sanft, als wir allein in dem runden Wohnzimmer waren.

«Das werden wir nie herausfinden.»

«O doch», verbesserte er mich. «Die hohen Tiere von Scotland Yard und MI5 sind schon darauf angesetzt. Du weißt, wie empfindlich die Regierung auf undichte Stellen reagiert.»

Ich sagte demütig: «Es tut mir leid, daß du dich verpflichtet gefühlt hast zurückzutreten.»

«Ich bin nicht zurückgetreten, sie haben mich gefeuert. In der Politik herrschen noch so rauhe Sitten wie im Mittelalter. Glücklicherweise geht man nicht mehr so weit, einem den Kopf abzuschlagen.»

Ich fügte im gleichen Tonfall hinzu: «Ich bin sicher, ganz Churchford hofft, daß du uns weiterhin im Parlament vertreten wirst.»

«Oh, es besteht nicht die geringste Gefahr, daß ich meinen Sitz aufgeben muß. Die Regierung könnte im Moment kaum eine Nachwahl riskieren.»

«Deine Parteiführer scheinen wirklich ziemlich hart mit dir umgesprungen zu sein. Sie müssen einzigartig hohe Moralvorstellungen haben.»

«Ihre Moral ist nicht höher als unsere. Sie haben nur keinen Sinn für die Annehmlichkeiten des Lebens.»

Er starrte aus dem großen Fenster auf das wunderschöne, saubere und teure Land von Kent.

«Es war meine eigene Schuld», dachte er laut. «Ich erinnere mich, daß Doktor Johnson einmal zu Fanny Burney gesagt hat: ‹Seit ich so ein Fressen für die Zeitungen geworden bin, sind mir viele Vergnügungen versagt, denen ich mich hingeben würde.› Vielleicht hätte ich das Mädchen noch an Unverschämtheit übertreffen können, aber das hat das Gutachten des Psychiaters bereits besorgt. Meine Bemerkungen über den Minister waren nicht gerade willkommen, obwohl jeder weiß, daß seine Ernennung so intelligent war, als hätte man einen Parkwächter zum Umweltminister gemacht.»

Er schwieg.

«Es geht nicht nur mir so», fuhr er nachdenklich fort, «in jedem Parlament wächst die Zahl der unzufriedenen oder desillusionierten Abgeordneten. Einige sind aus ihren Regierungsämtern entlassen worden, andere sind verbittert, weil sie nie eines gehabt haben, und wieder andere können den Premierminister nicht verdauen – es sind im allgemeinen nicht besonders liebenswürdige Menschen –, und einige sind enttäuscht, weil sie einsehen mußten, daß sie die Welt nicht verbessern können. Man fühlt sich leicht frustriert, wenn die Regierung die Abgeordneten wie Schachfiguren behandelt, die sie im parlamentarischen Spiel hin und her schiebt. Mit einer beruhigenden Mehrheit wird die Arbeit so uninteressant wie die Bezahlung dafür, und der Teufel lauert nicht weit von Westminster, um den müßigen Händen Arbeit zu geben.»

Seine Stimme erstarb zu einem Flüstern. «Sie lehnen sich auf, wann immer sie können, ohne Gefahr zu laufen, der Opposition in die Hände zu spielen. Die Themen sind egal. Ein Seeräuber mit einem Riecher für politische Golddukaten kann jeden Gegenstand, der sich ihm gerade anbietet, zu einer Waffe schmieden. Vielleicht sollte ich mich zu ihnen gesellen?»

Er sah mich an.

«Du und Doktor Elmsworthy, ihr seid für das Verschwinden des Briefes verantwortlich, egal, wie es passiert ist.»

Ich zog den Kopf ein.

«Natürlich können wir jetzt nicht länger deine Patienten sein. Ich finde, daß ich dir das persönlich sagen mußte, weil du in den letzten paar Jahren ein Freund der Familie gewesen bist.»

Ich zog den Kopf noch weiter ein.

«Wir werden uns einen anderen Arzt in Churchford suchen. Ich habe gehört, daß Doktor Quaggy ziemlich angesehen ist.»

Ich wäre am liebsten im Erdboden versunken.

Ich schlüpfte hinaus, durch die Menge der Reporter in mein Auto. Ich wollte kein Mittagessen. Ich wollte nicht in Churchford gesehen werden. Ich hatte Freunde, Patienten, meinen guten Ruf und wahrscheinlich schon bald meine Freiheit verloren. Ich konnte alles zurückgewinnen, wenn ich Annabel verriet, was undenkbar war. Ich entschloß mich, die Straße hinunterzufahren und Sir Damian einen Besuch abzustatten. Am besten, man schmiedete das Eisen, solange es noch heiß ist.

Er saß, in einen Morgenmantel aus Brokat gehüllt, an dem riesigen Kamin und nahm einen kalten Imbiß zu sich, bestehend aus Trüffelomelette und Champagner.

«Herbert und ich haben gerade Anordnungen für meine Beerdigung getroffen», verkündete er.

Ich fragte mit höflichem Spott, ob das denn schon so dringend notwendig sei.

«Nach dem Fieber, das mich Montag nacht befallen hat, muß man allzeit gerüstet sein. Ich will nichts Düsteres, alles hell und fröhlich. Kiri Te Kanawa soll *Tit Willow* singen, falls wir sie engagieren können.»

Herbert stöhnte. «Das ist längst überholt, Liebling. Musical-Begräbnisse sind absolut *out.*»

Sir Damian überlegte. «Nun, sie haben sich ganz schön lange gehalten. Die Leute sollen lachen, nicht weinen. Glaubst du, daß die *Zwei Ronnies* die Lesung halten könnten?»

«Beerdigung als Lustspiel», sagte Herbert verächtlich. «Abgedroschene Witze, um die Leute aufzuheitern. Wie die letzte Zigarette, bevor man dich erschießt. Ich glaube nicht, daß das jemandem wirklich gefallen hat.»

Sir Damian schenkte sich Champagner nach.

«Ich ging einmal zur Beerdigung eines Zauberkünstlers. Ein

Kollege führte Zaubertricks vor. Ziemlich gruselig, besonders, weil das Ganze in einem Krematorium stattfand und der Star sich zum Schluß in Luft auflöste. Vielleicht könnte der Kultusminister, wer auch immer das sein mag, die Ansprache halten?» Sir Damians Antlitz erhellte sich. Könnten wir dafür nicht einen Zuschuß von der Kunstförderung bekommen?»

Herbert schluckte. «Du bringst mich zum Weinen, Dummchen. Ich möchte etwas Schlichtes, nur du und ich.»

«Eine Beerdigung auf dem Dorfe», verkündete Sir Damian nachdenklich. «*Unter den uralten Ulmen.* Erinnerst du dich, Herbert, als ich dieses wunderschöne Gedicht in der BBC vortrug? Sie waren furchtbar knickerig mit der Gage. Ich könnte mir einen einfachen Eichensarg vorstellen, der, begleitet vom Lagegesang der Jungfrauen von Freisassen getragen wird. Aber ich fürchte, heutzutage ist beides schwer zu bekommen. Davon abgesehen stiehlt einem der Pfarrer sowieso die Show auf seinem Friedhof, man kommt da ebenso schwer ins Bild wie ‹Kein Sex, bitte, wir sind Engländer› ins Samstagabendprogramm.» Er seufzte. «Ich werde wohl wie alle anderen als *Rognons flambés* enden müssen», sagte er resigniert.

Herberts Überlegungen waren etwas optimistischer: «Warum zerbrichst du dir eigentlich den Kopf über deine Abschiedsvorstellung, wenn du noch vor vollem Haus spielst, Liebes?»

Sir Damian kratzte den Teller leer.

Ich hustete.

«Oh, der Doktor. Nett von Ihnen, daß Sie vorbeischauen. Aber ich glaube, es kam daher, daß ich Zug abbekommen habe, während ich als Cäsar dalag.»

«Mein Honorar», erinnerte ich ihn energisch.

«Ich werde es hier und jetzt begleichen.»

«Gut.»

«Anstatt Ihnen eine so geringfügige Summe zu zahlen, werde ich Sie an meiner nächsten Produktion – *Gammer Gurtons Nadel* in modernen Kostümen – beteiligen. Mitte des sechzehnten Jahrhunderts war das *der* Publikumserfolg. Das Stück kann nicht durchfallen, auch wenn das anscheinend jeder im

Westend glaubt. Schätzen Sie sich glücklich, Doktor. Nicht wahr, Herbert? Hier haben Sie ein paar Karten für morgen abend. Sie werden selbst sehen, daß die Kritiker meine derzeit laufende Show völlig falsch beurteilt haben. Es tut mir leid, daß ich Sie nicht zum Essen einladen kann, aber ich erwarte jeden Augenblick den lieben Michael und Dulcie, um das Chichester Festival zu organisieren.»

Am Haustor rieb Herbert Daumen und Zeigefinger vielsagend aneinander. «Das Geld für die Karten. Wir nehmen auch Kreditkarten, wenn Ihnen das lieber ist.»

Während ich losfuhr, dachte ich, daß Nye Bevan recht hatte. Mit Privatpatienten hatte man nichts als Ärger.

7

Als ich im Pyjama nach unten ging, um die Donnerstagszeitung zu holen, klingelte das Telefon.

Es war Walter Elmsworthy.

«Wo, zum Teufel, steckst du?» fragte ich.

«Zu Hause.» Er schien beleidigt zu sein. «Du mißgönnst mir doch sicherlich nicht ein paar Tage der Zurückgezogenheit unter diesen Umständen?»

«Ich habe versucht, dich wegen Annabel Blackadder anzurufen.»

«Ah, du hast schon davon gehört?»

«Ja. Nein. Was?»

«Sie wurde verhaftet.»

«Gott sei Dank!» rief ich unwillkürlich aus. «Ich meine, wir können froh sein, daß das Rätsel gelöst ist.»

«Sie hat den Durchschlag von Mrs. Proutfoots Schreibtisch genommen.»

«Das gibt's doch nicht!»

«Die Polizei kam heute morgen um sechs Uhr zu ihr. Ich habe gerade mit ihrem Vater telefoniert. Er ist verständlicherweise völlig aus dem Häuschen.»

«Aber *weswegen* wurde sie verhaftet?»

«Wegen Diebstahls. Anscheinend gilt das für ein Blatt Papier genauso wie für ein Bündel Banknoten, besonders, wenn jemand da oben es so will.»

«Hat sie gestanden?»

«Nein, der Herausgeber der Zeitung hat sie verraten.»

«Dieser kleine Mistkerl! Er hatte geschworen, es nicht zu tun.»

«Tatsächlich?» Es entstand eine Pause. «Was weißt du darüber, das ich nicht weiß?»

«Nichts, gar nichts», antwortete ich schnell. «Ich muß es in der Zeitung gelesen haben.»

Ich rannte nach oben.

«Douglas Blackadders Tochter wurde festgenommen, weil sie Jims Brief vom Schreibtisch von Walter Elmsworthys Sekretärin geklaut hat», erzählte ich Sandra atemlos.

Sie saß aufrecht im Bett. «Das kleine Biest!»

«Sie hat aus edelsten Motiven gehandelt», verteidigte ich Annabel, «wenn sie auch irregeleitet war – wie die Männer, die Kennedy, Gandhi und Erzherzog Ferdinand erschossen haben.»

«Aber wie kannst du ihre Motive kennen?»

«Sie hat mir alles erzählt, in der Praxis, vor ein paar Tagen.»

«Und du hast es Jim weitererzählt?» fragte Sandra ängstlich.

«Natürlich nicht, Ärztegeheimnis. Ich konnte es nicht der Polizei sagen, ja nicht einmal dir.»

Sie war entsetzt. «Aber Liebster! Wirst du keine Schwierigkeiten bekommen?»

«Ich hätte im Gefängnis landen können. Es wäre niemand dagewesen, um auf Jillys Hochzeit die Rede zu halten.»

Sie küßte mich theatralisch. «Liebling! Ich werde dir zur Seite stehen.»

«Danke.»

Das magische Auge des Fernsehens, das für so viele Erdbewohner die Welt bedeutet, richtete sich auf Annabel. Mittags wurde gezeigt, wie sie zusammen mit ihrem Vater, einem beleibten, silberhaarigen Herrn, eilig das Gerichtsgebäude verließ. In Churchford gab es offenbar nur Neuigkeiten, schlechte Neuigkeiten. Den Einwohnern von Sodom und Gomorrah muß es genauso gegangen sein.

Vor der Abendsprechstunde fuhr ich zu den Blackadders. Sie wohnten in einem schönen Haus aus der Vorkriegszeit, mit Hortensien, einem Tennisplatz und einer Privatzufahrt. Vor dem Tor stand der Aufnahmewagen des Fernsehens, der von Jims Haus herübergeschickt worden war. Ich stieg hastig aus dem Auto und war im Nu umzingelt von klickenden Fotoapparaten und Journalisten, die mich mit Fragen bombardierten – war ich Verwandter, Anwalt, Freund? Die Tür sprang auf, als ich auf das Haus zueilte. Ich trat ein und stand Douglas Blackadder gegenüber, der mich wütend fragte: «Was hast du meiner Tochter angetan?»

«Wer? Ich? Gar nichts!»

«O doch, du hast ihr Vertrauen mißbraucht. Du solltest dich was schämen!»

«Verdammt noch mal! Das ist nicht wahr!» entgegnete ich aufgebracht. «So redest du nicht mit einem Arzt!» Ich setzte hinzu: «Noch dazu mit einem, der regelmäßig mit dir Golf spielt.»

«Wie sonst hat Scotland Yard ihren Namen erfahren?»

Ich sah, daß Annabel mit ausdruckslosem Gesicht am Fuß der Treppe stand.

«Du warst der einzige Mensch auf der Welt, dem sie die Wahrheit über diesen... diesen... Schurken anvertraut hat», sagte er angewidert. «O Gott, was für eine elende Geschichte. Zunächst habe ich nicht einmal geglaubt, daß man sie gegen Kaution freilassen würde.»

«Es war der Herausgeber, der Annabels Namen preisgegeben hat», protestierte ich. «Das hat mir Walter Elmsworthy erzählt.»

«Aber die Polizei muß den Namen schon gewußt haben, als sie zu ihm kam.»

«Warum?»

«Weil der Herausgeber Annabel feierlich versprochen hat, sie zu schützen.»

«Wenn feierliches Auftreten allein die Einhaltung von Versprechen garantieren würde, gäbe es keinen Ehebruch.»

«Aber ein Mann in seiner Position...» Seine Geste drückte Ungläubigkeit aus. «Ein Mann, der für eine der großen Zeitungen unserer Nation verantwortlich ist. Es ist undenkbar, daß er auf so unehrenhafte Weise sein Wort bricht.»

«Blödsinn!» unterbrach ich ihn. «In seiner eigenen Zeitung liest er jede Woche zahllose solcher Beispiele.»

Douglas Blackadder fuhr hartnäckig fort: «Besonders, wenn seine Informantin noch minderjährig ist, sich in der Welt nicht auskennt und nicht weiß, daß sie eine schwere Anklage zu erwarten hat.»

«In dem Augenblick, in dem ihm selbst eine Anklage blüht, hätte er selbst die eigene Großmutter verraten.»

In Douglas Blackadders Ärger mischten sich Zweifel. «Ich glaube, jeder versucht, seine eigene Haut zu retten, wenn er einem Polizisten gegenübersteht. Egal, ob er die Zeitung nun herausgibt oder verkauft.»

Annabel brach ihr Schweigen. «Doktor Gordon kann meinen Namen nicht verraten haben, Daddy.»

«Warum nicht?» wollte er wissen.

«Weil er nie schlecht von mir gedacht hat, wegen der Drogen und der Ladendiebstähle und so. Er meinte nur, ich sei ein verdammter kleiner Dummkopf. Ich wußte, ich konnte ihm vertrauen. Er hätte mich nie in Schwierigkeiten gebracht. Er meinte, es gibt schon genug Ärger auf der Welt, da muß man selbst nicht noch mehr machen.»

Das schien ihren Vater zu beruhigen.

«Ja, Richard, ich weiß, daß du ein guter Kerl bist. Dieser teuflische Brief hat unserer Familie schon genug Schaden zugefügt. Er darf nicht noch mehr zwischen uns anrichten.»

Ich stimmte ihm herzlich zu. «Wir müssen praktisch denken», bekräftigte ich.

«Ich bin schon in Sir David Napleys Kanzlei gewesen. Dort sitzen die besten Strafverteidiger von London.»

Ich fuhr energisch fort: «Annabel muß diesen liebenswürdigen Abgeordneten ausfindig machen, den sie auf der Party kennengelernt hat. Er ist derjenige, der den Torpedo abgefeuert und so ein Leck in ein Wrack verwandelt hat. Und er hat ihr sein Ehrenwort gegeben, sie vor den Konsequenzen zu schützen.»

Douglas Blackadder fragte zweifelnd: «Glaubst du, daß man in Westminster eher Versprechen hält als in der Fleet Street?»

«Sein Parteivorsitzender könnte Druck auf ihn ausüben, damit die Anklage fallengelassen wird. Politik spielt sich oft hinter den Kulissen ab. Was im Vordergrund passiert, dient oft nur dazu, das niedere Volk, das draußen vor der Tür zittert, zu beeindrucken.»

«Aber ich habe es schon versucht.» Annabels Stimme klang nervös. «Seine Sekretärin sagt andauernd, er sei beschäftigt.»

«Sag ihr, er sollte sich besser Zeit nehmen, mit dir zu reden», erklärte ich finster, «sonst würdest du Jim Whynn von seinem auffallend undankbaren Verhalten erzählen, dem es nicht schwerfallen wird, die Geschichte morgen in die regierungsfreundlichen Blätter zu bringen. Egal ob rechts oder links», sinnierte ich, «unsere Politiker wollen eine weiße Weste behalten.»

Annabel schauderte. «Ich will mit keiner Zeitung mehr reden. Ich will nicht einmal mehr eine lesen.»

«Dann werde *ich* die Sache in die Hand nehmen», sagte ich energisch.

Ich ging hinaus. Dabei hatte ich das unbehagliche Gefühl, daß das einzige, was ich bei Douglas Blackadder erreicht hatte, war, ihn davon zu überzeugen, daß ich ein geschickter Lügner bin.

Ich unterschrieb das Protokoll bei der Polizei. Ich gab immer noch nicht zu, daß Annabel mir alles gestanden hatte. Ich kam mir vor wie der kleine Junge auf dem wunderschönen Gemälde *Wann hast du deinen Vater das letzte Mal gesehen?* und der den Roundheads antwortet: «Ich bin Waise.»

Als ich in die Praxis kam, bat mich Mrs. Jenkins zitternd um eine private Unterredung. Sie sagte, sie könne es nicht mehr länger aushalten. Nach fünfzehn Jahren würde sie mich am Montag verlassen. Ich zuckte die Schultern. Ich sah zu, wie die Katze den Ratten folgte, die das sinkende Schiff verließen.

Ich teilte Jims Sekretärin den Namen des gegnerischen Abgeordneten mit, aber am nächsten Morgen stand in den Zeitungen als einzige neue Nachricht, daß Annabel zur Vizepräsidentin der *Gesellschaft der Menschenfreunde* (dieser langweiligen, eingebildeten Wohltäter), der *Gesellschaft der moralischen Gesinnung* (wo man glaubt, daß jeder so langweilig hochgeistig leben sollte wie ihre Mitglieder) und der *Meadowsweet* (der Freiluftlangweiler) gewählt worden war. Seufzend aß ich meinen Magermilch-Porridge. Ich hoffte nur, das arme Mädchen würde erkennen, daß das bedeutungslose Auszeichnungen waren, die nur wegen der Publizität verliehen wurden.

«Nicht einer von ihnen würde ihr während der Verhandlungspause eine warme Mahlzeit bringen lassen», bemerkte ich bitter zu Sandra.

«Du wirst wirklich noch zum Zyniker.»

«Nach dieser Woche würde ich nicht einmal von Johannes dem Täufer einen Gebrauchtwagen kaufen. Ich glaube, die Regierung wird ihr Recht auf ein Verfahren im Old Bailey in Anspruch nehmen und sie vor eine Art Standgericht stellen.»

Ich hatte unrecht. Annabel wurde Anfang Mai von den Richtern in Churchford abgeurteilt. Das war das Los aller kleinen Diebe dieses Ortes. Die Regierung schickte jedoch gewissermaßen einen Vorschlaghammer, um eine Erdnuß zu knacken. Aus Whitehall erschien nämlich der Generalstaatsanwalt höchstpersönlich – der höchste Rechtsbeamte der englischen Krone, ein Mitglied des Privy Councils, der Präsident der englischen Anwaltskammer, der Amtsnachfolger von Francis Bacon und Lord Birkenhead. Dies zeigte, wie empört die Regierung war, daß die geistige Labilität eines ihrer Abgeordneten zur Schau gestellt worden war.

Die Ladendiebstähle, die Drogen und die Teilnahme an nicht gemeldeten Demonstrationen klangen wie die kriminellen Vorstufen zu der furchtbaren Tat. Sie bekam sechs Monate. Weniger hätten unsere guterzogenen Richter als ebensolche Unhöflichkeit ihrem geschätzten Besucher gegenüber angesehen wie eine Einladung zu einem ungenießbaren Abendessen.

Walter Elmsworthy und ich verließen zusammen das Gericht.

«Was hältst du von der ganzen Sache?» fragte ich trübsinnig.

«Ich kann an nichts anderes denken als daran, wie erleichtert ich bin, daß ich Lynda Proudfoot wieder einstellen kann. Ihre Nachfolgerin war furchtbar, hat immer alles vergessen. Wie ich gehört habe, verläßt deine Sprechstundenhilfe *dich*?»

Nach Annabels Verurteilung wurde der Fall als Material für die Fernsehsendung *Mediascope* freigegeben. An diesem Abend wurde Jim von Heathcoate Bullwhistle interviewt, der den meisten Menschen unseres Landes in politischer Hinsicht aus dem Herzen spricht.

Jim war selbstsicher, liebenswürdig und schamlos. Er verstand es geschickt, die Empörung, die die ganze Nation so genüßlich an ihm ausgelassen hatte, auf Annabel zu übertragen. Was sollten die Zuschauer von einer Jugendlichen halten, die vertrauliche ärztliche Gutachten stahl und sie an die lokale Zeitung verkaufte? Danach kam Annabels großartiger oppositioneller Abgeordneter ins Bild. Mit seiner rosigen Gesichtsfarbe, der Stupsnase und dem üppigen goldblonden Haar erinnerte er an ein Ferkel im Stroh.

Ja, die Zeitungen hätten die Wahrheit gesagt. Er kenne diese junge Dame namens Annabel. Er habe sich auf irgendeiner Party einmal kurz mit ihr unterhalten – ein Abgeordneter müsse sich um so viele Leute kümmern, das sei schließlich seine Pflicht. Er sei verwundert, daß sie ihn in diese schmutzige Affäre hineingezogen habe. Er nehme an, er sei der einzige Politiker, den sie kenne.

»Würden Sie sagen» – Heathcoate Bullwhistle starrte durch seine Brille – «daß die Vorgangsweise des Mädchens bösartig war?»

Der Abgeordnete seufzte. «Als Privatmann würde ich sagen, ja. Aber als Mann der Öffentlichkeit muß ich es ertragen, von Übeltätern, die ihre eigene Haut retten wollen, benutzt zu werden.»

Ich drückte auf den Knopf, um diesen Ausdruck bekümmerter Selbstlosigkeit verschwinden zu lassen.

«Wenn dieser Mann jemals einen Hahn krähen hört, dann möge er vor Scham sterben», sagte ich zu Sandra.

Meine Hand zitterte, als ich den Glenmorangie einschenkte. Ich erinnerte mich dunkel an eine Bemerkung Claude Cockburns, des witzigsten Mannes, der je beim *Daily Worker* gearbeitet hat: «Aber schließlich ist eine Katzenkralle eine Katzenkralle und muß als Teil der Katze betrachtet werden.»

Die arme Annabel! Sie hatte keine Krallen.

Es war ein sehr trauriger Fall, weil jeder sich normal verhalten hatte – so gut er es eben verstand.

8

«Torschlußpanik!» rief ich aus. «Das ist das deutsche Wort, nach dem ich gesucht habe.»

«Was, Liebes?» fragte Sandra und aß ihr Müsli, dieses Futter für Papageien mit Verdauungsstörungen.

«Torschlußpanik!» wiederholte ich.

Ich stand vom Frühstückstisch unserer sonnendurchfluteten viktorianischen Küche auf und starrte durch das Fenster in den blühenden Hintergarten.

«Was bedeutet es denn?» fragte sie, während sie über Fred Bassett schmunzelte.

«Angst, daß die Tore sich schließen – ein deutsches Wort. Die Deutschen sind tiefsinnige Denker.»

«Welche Tore?» fragte sie abwesend.

«Die Tore des Lebens.»

Sie murmelte: «Wenn du in der Nähe der High Street bist, könntest du mir bitte rotes Johannisbeergelee mitbringen?»

Ich seufzte. «Jetzt, da meine Arterien sich verhärten, mein

grauer Star schlimmer wird, meine grauen Zellen nicht mehr so wollen – und ich *muß* Jilly dazu bringen, daß man im Krankenhaus etwas gegen meine Krampfadern tut –, frage ich mich: Was habe ich in meinem ganzen Leben vollbracht? Was tue ich jetzt?»

Sandra seufzte tief auf. «Es ist wirklich mein innigster Wunsch, daß Jilly und Peter endlich ihren Hochzeitstermin festlegen. Es ist wie eine tickende Bombe in unserem Familienleben.»

In tragischem Tonfall fuhr ich fort: «Ich kann nicht mehr mit den neuesten Errungenschaften in der Medizin mithalten, geschweige denn mit dem neuesten idiotischen Gesundheitsfanatismus. Diese unverschämte Charlotte hatte recht. Ich bin altmodisch. Es macht nichts, wenn ein praktischer Arzt Fett ansetzt, aber man braucht nicht besonders intelligent zu sein, um sich zu engagieren und am Ball zu bleiben. Was tue ich? Ich gebe Valium aus wie ein Bankangestellter Fünfpfundnoten. Ich bin angeekelt.»

Sandra bemerkte plötzlich, daß mein Innerstes in Unruhe war.

«Du trübsinniger alter Esel! Solche Gedanken an diesem schönen Maimorgen.»

«Verdammter Frühling!» murmelte ich wütend. «Die Jahreszeiten wechseln allmählich schneller als das Fernsehprogramm. Mir kommt es vor, als sei dauernd Weihnachten. Wie viele Frühlinge noch», fragte ich, «bis ich meine letzte Fahrt antrete?»

Sie zeigte sich von ihrer besten Seite. «Du hast doch dein Billard.»

«Billard!» schnaubte ich.

Endlich, beunruhigt von meiner schwermütigen Miene, legte Sandra die Zeitung zur Seite und stand auf.

«Richard, Liebling! Überleg doch mal, wie gut du es hast. Du hast ein nettes Zuhause, eine nette Familie, eine nette Frau.»

Ich stimmte ihr in allem zu.

«Und niemand kann es dir verdenken, daß du mitgenommen bist nach dem furchtbaren Monat, den du mit Jim Whynn und der armen kleinen Annabel durchmachen mußtest.»

«Verdammter Quaggy!» brummte ich verächtlich.

«Küß mich!» sagte Sandra. «Nein, nicht so, so wie bei unserer Hochzeit. Ja, so ist es gut.»

Ich kam mir vor wie Judas, der an Jesu Ohrläppchen knabberte.

Ich fuhr in die Morgensprechstunde.

Mrs. Jenkins Vertretung arbeitete bereits eifrig in meinem Sprechzimmer.

«Guten Morgen, Mrs. Osgood.»

«Guten Morgen, Herr Doktor.»

«Möchten Sie Ihren Kaffee jetzt oder lieber erst später, Doktor?»

«Ich glaube, ein bißchen später.»

«Ganz wie Sie wünschen, Herr Doktor. Ich habe alle Krankenblätter bereitgelegt, in der richtigen Reihenfolge.»

«Danke, Mrs. Osgood.»

«Nichts zu danken, Herr Doktor. Die erste ist Mrs. Days, die Alkoholikerin.»

«Ich seufzte. «Davon gibt es heutzutage schon so viele.»

«Wie recht Sie haben, Herr Doktor.» Sie zögerte. «Ich habe Ihnen nie davon erzählt, oder? Mein Ex-Mann war ein psychopathischer aggressiver Alkoholiker.»

«Was Sie nicht sagen! Dieses Schwein!»

Mrs. Osgood hatte die raffinierte Angewohnheit, ihren Blick zu senken, wenn sie sprach. Sie hatte eine rauhe Stimme, war schlank, ruhig, sanft und anmutig. Sie erinnerte an eine Renaissancemadonna mit einem phantastischen Busen.

Sie war genauso alt wie meine Tochter Jilly.

«Oh, ich denke ohne Bitterkeit an ihn», fuhr sie mit weicher Stimme fort. «Schlimme Fehler können auch ihre guten Seiten haben, oder? Wenn man sich nur die Mühe macht, nach ihnen zu suchen. Eines Tages muß ich Ihnen mal die ganze Geschichte meiner Scheidung erzählen, Herr Doktor.»

«Ja, bitte, jederzeit. Ich werde ganz Ohr sein.»

«Trotz all des Elends wurde mir klar, daß mein Mann krank

und nicht bösartig war. Diese Erfahrung rief bei mir das starke Verlangen hervor, anderen Menschen, denen es vielleicht noch schlechter geht, zu helfen.»

«Was Sie auf so reizende Weise tun.»

«Danke, Herr Doktor. Mein Mann war vorher natürlich schon zweimal verheiratet gewesen.»

«Wirklich? Was sind Sie doch für ein armes kleines Ding, Mrs. Osgood.»

«Vielleicht machte ihn das so anziehend. Komisch, aber anscheinend hab ich immer schon eine Vorliebe für ältere Herren gehabt.»

Sie blickte auf und sah mich an.

Ich schluckte.

«Ich habe eine Dose Schokoladenkekse mitgebracht, Herr Doktor. Sie müssen sie zum Kaffee probieren.»

«Wie reizend, Mrs. Osgood.»

Sie tätschelte meine Hand. «Sie brauchen jemanden, der sich um Sie kümmert, Doktor.» Sie ging hinaus. Ihre Beine waren so wohlgeformt wie Weißweinflaschen.

Ich saß da und starrte auf Mrs. Days Krankenblatt.

In den vierzehn Tagen, die Mrs. Osgood bei mir arbeitete, hatte sie mir öfter grünes Licht signalisiert als die Ampeln in der Stadt. Ein Gedanke quälte mich, ein schrecklicher, peinigender, aufregender, köstlicher Gedanke. Jeder Blick schien zu sagen: Um Antwort wird gebeten. Sollte ich die charmante Einladung erfreut annehmen?

Ich war ein guter Ehemann, geachtet als Vater, genoß einen untadeligen Ruf in der Stadt, und Gott weiß, was man im Golfclub von mir denken würde.

Ich führte mir nüchtern vor Augen, was wir Ärzte das endokrine Orchester nennen: die Drüsen, deren harmonische Hormone den Ton der Liebe anstimmen, so wie sie nach der stürmischen Ouvertüre der Pubertät für die leidenschaftliche Symphonie der Jugend, die Programmusik in der Mitte des Lebens und die Klagegesänge des Alters verantwortlich sind. Ich fragte mich, ob Mrs. Osgood wohl die letzte Chance verkörperte, bevor sie mir das letzte Ständchen bringen würden.

«Torschlußpanik!» rief ich aus und erschreckte die Patientin.

Bei Kaffee und Schokoladekeksen bemerkte ich: «Mrs. Osgood, wären Sie an einer Dauerstellung interessiert?»

«Oh, Herr Doktor», sagte sie mit rauher Stimme, «ich freue mich wahnsinnig, daß Sie mich das fragen. Darf ich darüber nachdenken?» Sie schlug die Augen nieder. «Es gibt da noch jemanden in meinem Leben, an den ich denken muß.»

Ich schnappte nach Luft.

«Ein anderer Mann?»

Sie sah mich an. «O nein, Herr Doktor. Ich habe leider noch nicht den Richtigen gefunden. Heutzutage sind alle so infantil, so unreif und hohlköpfig. Mrs. Whynn hat angerufen, ob Sie wohl nach ihrem Mann sehen würden. Er hat Fieber.»

Ich hob die Augenbrauen. «Aber er ist Doktor Quaggys Patient.»

Ich rieb mir die Hände.

Eines von den ausländischen Mädchen öffnete mir die Haustür und führte mich durch das Wohnzimmer in das weiße, runde Schlafzimmer. Jim saß aufrecht in einem Himmelbett, sämtliche Morgenzeitungen über die bestickte Bettdecke verstreut. Er las mit gerötetem Gesicht einen Informationsbericht des Unterhauses. Ich stellte erleichtert fest, daß Charlotte nicht zu Hause war. Ich war mir nicht sicher, ob wir die Sache mit dem Schlachtermesser schon bereinigt hatten.

«Sommergrippe», verkündete ich, als ich das Thermometer ablas. «Ist im Moment ziemlich verbreitet.»

«Ich könnte es mit Windpocken, Cholera und Lepra auf einmal aufnehmen», bemerkte Jim fröhlich. «Der Minister, für den ich gearbeitet habe, ist entlassen worden. Es wird in allen Morgenzeitungen stehen. Der Premierminister versuchte schon seit Monaten, diesen unfähigen Angeber loszuwerden, aber seine mächtigen Freunde legten sich quer. Es hätte endlosen Ärger mit den Hinterbänklern geben können. Aber jetzt, da jedes Kind, das fernsieht, meine Ansichten kennt, haben sich seine Freunde entschlossen, ihn im Stich zu lassen.»

«Sie sind mit dir einer Meinung?»

«Nicht im geringsten. Sie sehen, daß sein Ruf angeknackst

und es daher ratsamer ist, sich von ihm fernzuhalten. Versagen ist ansteckender als jede Grippe. Und der Premierminister ist hoch erfreut über die Gelegenheit, als starker, entschlossener Führer der Nation und Verfechter des Leistungsprinzips in Erscheinung zu treten. Alles deutet darauf hin: Man hat mir so vollständig verziehen, daß ich in ein paar Monaten meine politische Laufbahn wieder aufnehmen kann. Was genau das ist, was mir der Arzt verordnet hat», schloß er erfreut.

«Bleib ein paar Tage im Bett, und nimm viel Flüssigkeit zu dir.»

Jim beachtete mich nicht. «In der Zwischenzeit muß ich mit ein paar ordentlichen kontroversen Themen dafür sorgen, daß mein Name in unserem Wahlkreis in aller Munde bleibt. Ich werde meinen Gegner zum Essen einladen. Wir werden uns sicherlich auf irgend etwas einigen können, das zu unserem beiderseitigen Vorteil ist. Obwohl die meisten seiner Steckenpferde zugegebenermaßen so gut wie chancenlos sind.»

Ich war überrascht. «Du gehst mit Bert Bullivant essen?»

«Herrgott noch mal! Ja! Wir waren zusammen im Balliol College. Wir haben in derselben Popgruppe gespielt, damals hieß er Bertie.»

Ich hob bewundernd den Kopf. «Ist unser Volk soviel schlauer, als es vorgibt zu sein, daß sich unsere Politiker so zivilisiert verhalten?»

Er lachte. «Im Gegenteil! Die Sozialistin Beatrice Webb hat außergewöhnlich scharf beobachtet, als sie sagte: ‹Wir sind alle gutmütige und dumme Leute. Das schlimmste daran ist, daß die herrschenden Klassen genauso gutmütig und dumm sind wie die Labour-Bewegung.»

Ich ließ meine Tasche zuschnappen. «Ich brauche nicht wiederzukommen. Gratulation, daß du wieder auf dem Weg zum Posten des Premierministers bist.»

Er sagte gedankenvoll: «Schade um das dumme Mädchen und daß ihr Vater aus dem Golfclub austreten mußte. Ihr Fall hätte vor ein Schwurgericht im Old Bailey gehört. Sie wäre sicherlich freigesprochen worden. Das grenzenlose Mißtrauen der Geschworenen der Regierung gegenüber ist eines der ruhmvollsten Verdienste der englischen Verfassung.»

«Sie ist in einer Jugendstrafanstalt in Essex», informierte ich ihn.

«Die sollen angeblich nicht so schlimm sein.»

«Sie sind furchtbar: Brot mit Margarine und Langeweile, Kloputzen und Lesbierinnen.» Ich zögerte. «Du hast mich nach alldem Doktor Quaggy vorgezogen?»

«Wir hielten es für einen glücklichen Umstand, einen Freund der Familie zu haben, der zufällig Arzt ist», sagte er schlicht. «Und ich fand, daß ich ziemlich ungerecht war, als ich dich für diese widerlichen Diebereien verantwortlich machte.»

«Damit machst du mir das, was ich dir sagen möchte, leichter, zugleich aber auch schwerer. Könntest du etwas für Annabel tun, wenn sie entlassen wird?»

Jim sah mich verblüfft an.

Ich fügte hastig hinzu: «Sie würde leicht einen Job bei so einer schwachsinnigen Organisation wie *Frauen fürs Leben* bekommen. Was sie aber jetzt wirklich braucht, ist jenes normale, langweilige Leben, das den meisten Erwachsenen glücklicherweise beschieden ist. Könntest du nicht ... na ja, in der lokalen Zeitung irgendwie sagen, daß du ihr jetzt, da sie ihre Strafe abgesessen hat, verziehen hättest?»

Er begann zu husten. «Diese verdammten Halsschmerzen! Ob ich gurgeln sollte?»

«Schmeckt gut und macht ein nettes Geräusch, ist aber völlig nutzlos.»

«Ihr Ärzte müßt den Kranken aber auch jede kleine Freude nehmen.»

«Was ist also mit Annabel?»

Er putzte sich geräuschvoll die Nase. «Im Sieg Großmütigkeit – um wieder mit Churchill zu sprechen. Also gut, erinnere mich daran.»

Ich dankte ihm herzlich. «Wie steht's mit der Verdauung?»

«Alles in Ordnung. Wie ist Dr. Barty-Howells?»

«Du willst doch sicherlich nicht noch einen Arzt wegen deiner Grippe zu Rate ziehen?»

«Sein Name wurde in Westminster erwähnt. Einer meiner Wähler. Er ist doch Facharzt hier am Krankenhaus, oder?»

«Jeder hält ihn für einen absolut brillanten Arzt», versicherte ich ihm.

Basil Barty-Howells gehörte zu den tüchtigen, uninteressanten Leuten, über die sich einfach nichts weiter sagen läßt.

«Er engagiert sich sehr für den Umweltschutz.»

Ich nickte. «Früher hieß das nicht Umwelt, sondern frische Luft.»

«Er sorgt sich auch um den sauren Regen und das Töten von Robben, habe ich gehört. Auch um Wassermolche.»

«Und um überfahrene Kröten.»

«Ein Freund von dir?»

«Er ruft oft an. Er glaubt ganz fest daran, daß die Krankenhausärzte mit den praktischen Ärzten zusammenarbeiten sollten. Ich nehme an, wir sind für ihn auch so eine bedrohte, liebenswerte Tierart, die geschützt werden muß.»

«Du brauchst ihm nicht zu erzählen, daß ich nach ihm gefragt habe», erklärte Jim geheimnisvoll. «Stimmt es, daß du dich zur Ruhe setzen willst?»

«Torschlußpanik?» sagte ich an diesem Abend zu Jack Windrush, dem Pathologen mit dem Humor eines Medizinstudenten. «Weißt du, was dieses deutsche Wort bedeutet?» Ich versenkte eine rote Kugel.

Er rieb seinen Billardstock mit Kreide ein. «Laß mich überlegen: Angst im Dunkeln, wenn man die Taschenlampe verloren hat.»

Ich schüttelte den Kopf. «Tor wie Tür, Schluß wie Schließen, Panik wie Angst, Schrecken.»

Ich lochte eine braune Kugel ein.

Der neue Billardtisch im Golfclub faszinierte mich. Als Student am St. Swithin war Billard meine einzige Leidenschaft gewesen. Ich war traurig, daß ich den Sport als vielbeschäftigter Arzt hatte aufgeben müssen. Dreimal in der Woche spielte ich mit Jack, einem großen, kräftigen Mann und Kapitän der Kricketmannschaft Churchford XI, der zugab, daß Billard gewisse Ähnlichkeit mit Kricket hatte – beide Spiele werden auf einer glatten, ebenen, ruhigen Grünfläche von Männern mit aufgekrempelten Ärmeln gespielt, die harte Bälle mit einem Stück Holz hin und her stoßen, wobei Billard den Vorteil hat, daß es nicht wegen Regens unterbrochen werden muß und noch nie im Fernsehen übertragen wurde, wie nackte Idioten das Feld stürmen.

Sandra schien es nichts auszumachen, allein in der Foxglove Lane zu bleiben. Sie meinte, es wirke aufbauend auf einen Mann mittleren Alters, wenn er sich noch für Dinge interessiere, die er in seiner Jugend jeden Abend getan hat.

Jack war verwirrt. «Du meinst, es ist eine Phobie, die nervöse U-Bahn-Passagiere befällt?»

Ich lochte eine rote Kugel ein. Ich war bester Laune.

«Angst vor der letzten Chance. Die Deutschen lieben es, die einfachsten Dinge philosophisch auszudrücken.»

«Etwas Sexuelles, nehme ich an?» fragte er.

«Komisch, daß du das meinst. Gerade heute hatte ich so einen Fall. Ein reifer Gentleman, der besorgt war, ob er sich nicht lächerlich machen würde, wenn er eine ernsthafte Beziehung mit einer jüngeren Frau anfängt.»

Ich versenkte eine grüne Kugel.

«Wie reif?»

«Oh, ungefähr in meinem Alter.»

Jack brach in schallendes Gelächter aus. «Jede Frau, die auch nur annähernd so alt ist wie du, hätte die Wechseljahre längst hinter sich.»

Ich verfehlte eine rote Kugel.

«Torschlußpanik», wiederholte Jack gedankenvoll. «Das erinnert mich an eine klassische Definition: Angst ist, wenn man das erste Mal feststellt, daß man nicht zweimal kann, Panik, wenn man bemerkt, daß man nicht einmal mehr einmal zustande bringt.»

Er lochte die rote Kugel ein und fügte hinzu: «Vielleicht trifft der Ausdruck auf die Frau zu, die sich die Gebärmutter entfernen ließ, weil sie Angst hatte, noch mehr Enkel zu bekommen?»

Er verfehlte die schwarze Kugel.

«Ich habe heute Jim behandelt. Er hat auch diese Grippe, die derzeit grassiert.»

«Ich bin sicher, daß ihm dieser Wirbel nicht geschadet hat. War doch alles viel lustiger als Parteiwerbung im Radio.»

Ich fixierte die Kugel.

«Zuerst behandelte er mich so wie die Regierung die russischen Spione, die mit deprimierender Regelmäßigkeit in unseren Geheimdienst eingeschleust werden. Aber er wollte sich doch nicht in Doktor Quaggys Hände begeben, der eine der unangenehmsten Nebenerscheinungen der Medizin ist.»

Ich versenkte eine rote Kugel.

«Er hat mich vorsichtig über Basil Barty-Howells ausgefragt», fuhr ich fort.

«Basil benimmt sich in letzter Zeit ziemlich merkwürdig», teilte Jack mit. «Ich glaube, daß ihm die Ausbildung der praktischen Ärzte zu schaffen macht. Kommst du nächsten Freitag zu seinem Vortrag ins Krankenhaus? Er spricht über den Elektrolythaushalt. Ich kann mir nichts Langweiligeres vorstellen, außer vielleicht das Liebesleben der Wale, das ihm ja so am Herzen liegt. O Gott! Paß doch auf! Fast hättest du das Billardtuch zerrissen.»

Mir war blitzartig ein Gedanke gekommen. Freitag in einer Woche würde ich Mrs. Osgood zu einem Abendessen bei Kerzenlicht einladen, und zwar ins Old Tyme Inne, das acht Kilometer entfernt an der Dover Road liegt.

9

Am nächsten Abend erschien Basil Barty-Howells unerwartet in unserem Haus in der Foxglove Lane.

Er war ein großer, jugendlich aussehender Mann mit kantigem Gesicht, gewelltem Haar, gepflegtem Spitzbart und hellblauen Augen, der stets Anzüge aus grobem Wollstoff trug. Er aß viel Weizenkleie.

Es war ein Abend im Mai, warm genug, um auf unserer

gefliesten Terrasse zu sitzen. Unser Gast kippte hastig drei Gläser Glenlivet hinunter, was merkwürdig war. Normalerweise nippte Barty-Howells, wenn er zu Besuch kam, an einem kleinen Glas Tio Pepe und redete über Neurophysiologie, ein genauso langweiliges Thema wie der Elektrolythaushalt.

Plötzlich sah er sich verstohlen um.

«Wo ist Sandra?»

«In der Küche.»

«Richard, kannst du ein großes Geheimnis für dich behalten?»

Ich war beunruhigt.

Basil Barty-Howells konnte einen mit seiner selbstgefälligen und selbstverständlichen Intelligenz auf die Palme bringen, aber er war ein netter Kollege, ein liebenswürdiger und engagierter Bürger Churchfords. Hatte er einen moralischen Fehltritt begangen und womöglich sein Sprechzimmer mit dem Schlafzimmer verwechselt?

Ich sagte: «Ich verspreche dir hoch und heilig, nichts weiterzuerzählen.»

Sein Blick wanderte suchend über die Lorbeerhecke und die Rosenbeete.

«Am dritten Samstag im Juni werde ich zum Ritter geschlagen, morgens, am Geburtstag der Königin.»

Ich gratulierte ihm.

Er fügte nervös hinzu: «Ich fürchte, daß viele Leute in Churchford neidisch sein werden.»

Ich meinte beruhigend: «Mein lieber Basil, das läßt sich nicht vermeiden. Wenn jemand geadelt wird, finden sich immer Neider, die ihm den Titel mißgönnen, selbst wenn er ihn verdient hat.»

«Ich meine vor allem die Ärzte hier.»

«Oh, ich glaube, alle Ärzte kennen die Rangordnung unseres Berufes. Ein ‹Sir› für den Präsidenten der Royal Colleges of Surgery und so weiter. Ansonsten muß man nur die richtigen Leute umbringen, um einen ärztlichen Ehrentitel zu bekommen. Ein Königsmörder hat immer gute Chancen, in den Adelsstand erhoben zu werden.»

Basil fixierte mich mit seinen hellblauen Augen. «Wie oft mußt du die Liste mit den Ehrentiteln durchgegangen sein und ausgerufen haben: ‹Nur nicht *er*!›»

«Ich lese sie schon seit Jahren nicht mehr. Ich bin zu ungeduldig geworden, um langweiliges Zeug zu lesen.»

Er schüttelte heftig den Kopf.

«Weißt du, Richard, ich bekomme den Titel nicht für meine Arbeit im Krankenhaus. Um offen zu sein: Für medizinische Verdienste am Churchforder Krankenhaus geadelt zu werden, ist genauso wahrscheinlich wie als Fußballclub der vierten Liga Pokalsieger zu werden. Behalte das um Gottes willen auch für dich!»

«Du kriegst den Titel, weil du dich für Probleme wie den sauren Regen, erschlagene Robben, Wassermolche und, nicht zu vergessen, überfahrene Kröten engagierst.»

Er sah mich erstaunt an.

«Woher wußtest du das? Ich kümmere mich natürlich auch um vergaste Dachse, Wale aller Art und seit kurzem auch um die Kinderarmut.»

Basil Barty-Howells arbeitete im Vorstand von *Meadowsweet*, dem Verein, der sich um alles Schöne auf und unter der Erde, um alle Geschöpfe, ob groß oder klein, so sehr sorgte. Flora und Fauna waren so unverfängliche Themen, daß sich die Mitglieder des Vereins ohne weiteres wichtig vorkommen konnten. Jim Whynns Diagnose traf den Nagel auf den Kopf: Interessenverbände bestehen aus ein paar Leuten an der Spitze, die die Wichtigkeit des menschlichen oder tierischen Lebens mit ihrer eigenen verwechseln, aus ein paar Leuten an der Basis, die sich so aggressiv verhalten, als seien sie von Geburt an mit einem reinen Gewissen ausgestattet, und aus einer gelangweilten Masse dazwischen, die durch die Mechanismen moderner Regierungsformen jeder Individualität beraubt wurde, gleich ausgepreßten Zitronen in einer Saftfabrik.

«Es stimmt, ich habe an endlosen Sitzungen der Regierungskomitees teilgenommen, habe einen Haufen Zeit verschwendet, die ich besser meinen Patienten gewidmet hätte, aber ich glaube, das war es wert, um... na ja, für bleifreies Benzin in absehbarer Zukunft zu kämpfen und ein paar undichte Stellen in Atomkraftwerken zu stopfen.»

Er sah so unglücklich drein wie eine Kröte im dichten Verkehr.

«Glaubst du mir, Richard, daß ich den Titel ohne Hintergedanken angenommen habe? Mir schien er wie etwas, worüber man nicht zu diskutieren braucht, so wie eine Eins für gutes Betragen, die man in der Schule bekommt. Jetzt habe ich aber doch ernsthafte Zweifel, ob ich's überhaupt verdient habe. Aber ich kann doch nicht die Hand beißen, die mich zum Ritter schlägt?!»

Ich versicherte ihm voll Mitgefühl, jeder in Churchford wisse, daß er das Pendant zu Mutter Theresa von Kalkutta sei (erst kürzlich hatte ich entdeckt, daß sie keine literarische Erfindung von Malcolm Muggeridge ist).

Basil Barty-Howells stieß einen tiefen Seufzer aus. «Du bist mir eine große Hilfe gewesen, Richard. Weißt du, du bist der einzige Mensch auf der Welt, dem ich mein Geheminis anvertraut habe.»

Ich fühlte mich so geschmeichelt, daß ich ihn für Samstag zum Essen einlud. Beim Billardspielen am selben Abend lud ich auch die Windrushs ein..

Jack und Daphne kamen als erste.

«Ich glaube, ich habe noch nie erlebt, daß sich jemand so verändert hat wie Barty-Howells in den letzten paar Wochen», meinte Jack bei seinem ersten Laphroaig. «Wenn er nicht gerade eifrig dabei war, uns zu zeigen, was für ein cleverer Bursche er ist, konnte Basil nichts aus der Ruhe bringen. Plötzlich ist er so nervös wie ein ganzer Flohzirkus.»

«Seltsam», bemerkte ich, «höchst seltsam.»

Jack blickte sich rasch im Zimmer um.

«Ich weiß zufällig den Grund», flüsterte er Sandra und mir zu.

«Ich machte ein erstauntes Gesicht.

«Am Geburtstag der Königin wird er geadelt.»

«Wirklich!»

«Er hat sich mir anvertraut», verkündete Jack stolz.

«Und er findet den Gedanken daran einfach entsetzlich.»

Jack sah mich schockiert an. «Woher weißt du das?»

«Weil er sich auch mir anvertraut hat.»

Jack rümpfte die Nase. «Nun, ich habe den Verdacht, daß er, natürlich streng vertraulich, schon dem ganzen Krankenhaus davon erzählt hat.»

«Vielleicht war es vorauszusehen?» warf ich ein. «Einige Männer sind schon von Geburt an dazu prädestiniert, geadelt zu werden, während andere leer ausgehen.»

«Wenn man einen solchen Titel annimmt, kann man nicht um Diskretion bitten, so wie das bei den Gewinnern im Lotto der Fall ist?» fragte Sandra.

Wir wurden durch die Ankunft von Basil Barty-Howells und seiner Frau Margaret unterbrochen, einer bulligen blonden Heilgymnastin, die er beim Joggen kennengelernt hatte – er war natürlich auch ein Fitness-Freak. Ich sah oft, wie die beiden in ihren Jogginganzügen im Partnerlook mit hochrotem Gesicht, offenem Mund und glasigen Augen durch Churchfords Alleen keuchten, ein fast schon unanständiger Anblick.

Margaret pflegte bei Tisch über Waschmaschinenprogramme, das Einfrieren von Obst zu plappern und darüber, wie man den Hund von Würmern befreit. Ihr geistiger Horizont reichte nicht sehr weit über den häuslichen Bereich hinaus. Jetzt erklärte sie, während wir Avocados mit Krabben aßen, mit schriller Stimme: «Findet ihr nicht auch, daß Churchford entsetzlich, entsetzlich langweilig ist?»

Ich widersprach ihr und erwähnte die archäologische Ausstellung in der öffentlichen Bücherei.

«Ich habe Basil gesagt, daß wir unbedingt nach London übersiedeln müssen – nach Chelsea, Kensington, Knightsbridge oder sonst irgendwo in der Nähe von Harrods'.»

Sie war plötzlich ganz aufgeregt, obwohl sie nur ein Glas Muscadet aus dem Supermarkt getrunken hatte.

«Es ist immer der gleiche Trott hier», bekannte sie. «Nächstes Jahr müssen wir wirklich sehen, daß wir ein bißchen herumkommen, wißt ihr, Ascot, Covent Garden, Glyndebourne, Cowes und so.»

«Wie wär's mit Cruft's, der Hundeschule?» Der Vorschlag kam von Jack.

«Ich möchte viele neue aufregende Leute kennenlernen», gestand Margaret und warf beide Arme hoch.

Basil blickte verstohlen in die Runde und murmelte: «Das wird nichts an unserem Lebensstil ändern.»

«Was wird nichts ändern?» fragte Jack sofort.

«Wenn wir im *Times*-Preisrätsel gewinnen», antwortete er.

Er lenkte das Gespräch für den Rest des Abends auf die Neurophysiologie, was so langweilig war, daß ich noch eine Flasche Laphroaig öffnen mußte.

Basil und ich standen allein in der Diele, als Margaret vor dem Weggehen schnell noch die Toilette aufsuchte.

Er hielt mich am Ellenbogen fest. «Ich halte es nicht länger aus. Dutzende Male habe ich schon zum Hörer gegriffen, um dem Buckingham-Palast mitzuteilen, daß sie mich streichen können.»

«Kopf hoch!» munterte ich ihn auf. «Am Geburtstag der Königin ist alles vorbei. Du kannst eine Ehrenrunde im Krankenhaus drehen, und dann wird jeder vergessen, daß du geadelt worden bist. Erinnerst du dich nicht mehr? Es hat vierundzwanzig Stunden gedauert, bis du dich daran gewöhnt hattest, daß dich jeder mit ‹Doktor› anredet.»

Seine Miene hellte sich auf, aber er fügte ängstlich hinzu: «Du hast doch keiner Menschenseele davon erzählt?»

Ich schüttelte heftig den Kopf.

«Die Leute werden allmählich mißtrauisch», teilte er heiser mit. «Sie sagen Margaret Liebenswürdigkeiten, wie damals, als sie ein Kind erwartete. Kommst du am Freitag zu meinem Vortrag über den Elektrolythaushalt?» wechselte er das Thema, als seine Frau erschien.

«Ich würde furchtbar gerne kommen, es klingt höchst interessant, aber ich stecke im Moment bis über beide Ohren in Arbeit, die Sommergrippe, weißt du», entschuldigte ich mich.

Beim Schließen der Haustür fragte Sandra: «Wer hat denn im Juni Geburtstag?»

Ich antwortete: «Die Königin.»

«Und was ist mit mir?» Ich sah, wie ihre Lippen zitterten. «Ich habe einen Tag vorher Geburtstag, und es ist noch dazu ein ganz besonderer.»

«Oh, wirklich?» Ich tappte im dunkeln. «Wie alt bist du?»

«Also ehrlich!» sagte sie wütend. «Ich hätte von einem Arzt erwartet, daß er zumindest weiß, wie alt jemand ist.»

«Bei meinen Patienten steht das Alter auf der Karteikarte», hob ich hervor.

«Ich werde meinen Bruder George und seine Frau für ein paar Tage einladen.»

«Doch nicht diese beiden Schreckensgestalten!» rief ich aus.

«Ich weiß wirklich nicht, warum du dich so anstellst. Mein Bruder George ist doch ein angenehmer Gesellschafter. Jeder sagt, was für eine Kanone er ist. Und Dily kann nichts für ihre nervösen Zuckungen. Außerdem, wenn du dich wieder so wie zu Weihnachten jeden Abend vollaufen läßt, werde ich dich verlassen, und du kannst deine Hemden selber bügeln.»

Sie ging hinauf und schlug die Schlafzimmertür zu.

Gewissensbisse quälten mich wie Verdauungsstörungen. Ich war kein Heiliger, ich versuchte nur, ein netter Kerl zu sein, was sich von den meisten Heiligen, die eher schwierige Menschen sind, wahrscheinlich nicht sagen läßt. Und am Freitag würde ich das verbotene Abendessen bei Kerzenlicht mit Mrs. Osgood genießen. Ich schämte mich so sehr, daß ich in die Küche ging und das gesamte Geschirr spülte.

Donnerstag. Als ich von der Abendsprechstunde nach Hause kam, fand ich Basil Barty-Howells vor, der im Wohnzimmer aufgeregt auf und ab lief.

Ich war entsetzt, wie stark verfallen er innerhalb einer Woche war. Er war blaß, abgezehrt und zittrig und stürzte schnell ein paar Gläser Delwhinny hinunter, bevor er mir eröffnete: «Ganz unter uns, Richard, es ist etwas Furchtbares passiert. Du weißt doch, daß ich schon einmal verheiratet war, mit Lynn, aus Pinner?»

Ich murmelte taktvoll, daß ich davon gehört hätte.

«Ich hab auch einen kleinen Sohn, Fabian.»

Basil, der sich im Sessel rekelte, bekam plötzlich einen verträumten Blick.

«Lynn und ich waren militante Jungsozialisten. ‹Alle Menschen werden Brüder› und ‹Schröpft die Reichen›. Damals trug ich den Bart noch viel länger.» Er seufzte. «Wie einfach ist die Welt, wenn man sie mit starrem Blick betrachtet. Ich fand, daß ich sie über die bevorstehende Ehrung informieren sollte.» Er rechtfertigte sich: «Schließlich haben sich unsere Gene vermischt.»

«Und sie war höchst entsetzt», half ich ihm weiter. «Sie verbietet dir, dein Kind zu sehen.»

«Im Gegenteil! Sie läuft in Pinner herum und nennt sich, seit dem Montag – es war ein Feiertag – Lady Basil Barty-Howells», erklärte er verwirrt. «Gestern bin ich zu ihr gefahren und habe sie mit den Tatsachen konfrontiert. Ich hab ihr erklärt, daß nur die rechtmäßige Ehefrau den Titel tragen darf, wie... na ja... wie eine Art Kraftfahrzeugkennzeichen, das man von einem alten Auto auf das neue Modell überträgt, aber sie schien es nicht einzusehen.»

Ich tröstete ihn: «Es ist doch schließlich keine kriminelle Handlung, sich als Lady auszugeben. Sich als Polizeibeamtin aufzuspielen, wäre sicherlich ein schlimmeres Delikt.»

Basil sagte aufgeregt: «Aber muß denn die blöde Kuh so voreilig sein? Die MI5 arbeitet doch wohl auch in Pinner? Der Geheimdienst hat das wahrscheinlich schon an den Premierminister, vielleicht sogar an die Königin weitergeleitet. Welche Strafe steht auf indiskrete Behandlung von Regierungsmitteilungen? Denk doch nur an den Aufruhr um Jim Whynn! Die Zeremonie wird abgesagt werden, da bin ich sicher.»

«Nun, das würde dir doch die Entscheidung abnehmen», antwortete ich.

Kläglich rief er aus: «Aber ich kann nicht mehr zurück. Meine Frau würde mich verlassen.»

«Und du müßtest deine Hemden selber bügeln?»

«Ja, genau.»

Ich lud ihn zu Sandras Geburtstagsparty ein.

«Was ist los mit dir?» fragte Sandra gereizt am Frühstückstisch. «Deine Hände zittern wie bei einem Alkoholiker.»

Ich erklärte vage: «Das ist Barty-Howells. Er scheint mich mit seiner Nervosität angesteckt zu haben.»

«Wie dumm er ist», entschied Sandra. «Man kann einem geschenkten Gaul ins Maul schauen, aber man sollte sich nicht von ihm beißen lassen. Willst du wirklich deinen Kaffee mit dem Toast umrühren?»

«Torschlußpanik!» murmelte ich unbehaglich.

Basil Barty-Howells wartete in der Praxis auf mich.

«Es ist noch etwas Schlimmeres passiert.» Er durchmaß mein kleines Sprechzimmer. «Du bist der einzige, dem ich es erzählen kann, Richard. Meine erste Frau ist aufgetaucht.»

«Aus Pinner?»

Er schüttelte ungeduldig den Kopf.

«Die aus Pinner ist eigentlich meine zweite. Niemand in Churchford weiß etwas von der aus Streatham. Ich hab mit achtzehn geheiratet, noch bevor ich mit dem Medizinstudium anfing. Es war ein großer Fehler. Nur Sex, weißt du. Ich war ein Anfänger, und sie hat mir alles beigebracht. Das war mir nicht bewußt, bis sie später einen Sexclub leitete. Jetzt möchte sie allen meinen Freunden als die Frau vorgestellt werden, die Lady Barty-Howells hätte werden können. Sie hat sich verändert, wie wir alle, nicht wahr? Sie ist dick und hat einen blühenden Teint. Heute morgen ist sie in Churchford angekommen.»

Unerwarteterweise lächelte er. «Ich hatte schon immer eine Schwäche für die erste Frau, mit der ich geschlafen habe. Ich glaube, allen Männern geht es so, wenn sie sich an sie erinnern können. Sie verkaufte Fish and Chips damals. Sie wird meiner Privatpraxis in einem Ort wie Churchford nur schaden.»

Ich rief aus: «Aber wie hat sie von der bevorstehenden Ehrung erfahren?»

Er zuckte die Achseln. «Ich stamme aus einer einfachen Arbeiterfamilie, weißt du. Ich hab einen Schlußstrich unter mein früheres Leben gezogen, als ich mir den Bart wachsen ließ. Wir alle spielen eine Rolle, oder? Wie langweilig es auf der Welt wäre, wenn wir immer nur wir selbst wären. Ich mußte es meinen Eltern sagen. Sie waren ganz aus dem Häuschen, wie du dir vorstellen kannst, und haben es natürlich der ganzen Verwandtschaft weitererzählt, selbst den entferntesten Vettern. Ich hab schon Glückwünsche aus Neuseeland bekommen. Außerdem meinen viele aus meiner Familie, daß ich jetzt, da ich ein Sir bin, stinkreich sein müßte und eine kleine Anleihe ihnen eigentlich sehr gelegen kommen würde.» Er wich meinem Blick aus. «Ich hab einen Onkel, der ein kleiner Ganove ist. Oh, er ist ziemlich seriös. Unterschlagung. Unglücklicherweise ist er ein- oder zweimal gesessen. Ich wäre natürlich nicht gerade begeistert, ihn hier in Churchford zu sehen, besonders, wenn er dem *Churchford Echo* ein Interview gibt, was er mir angedroht hat, wenn ich am Geburtstag der Königin nicht ein paar hundert Pfund springen lasse. Das ist alles eine furchtbare Belastung für mich. Ich sage meinen Vortrag heute abend ab.»

Ich sprang von meinem Stuhl auf. «Tu das nicht!»

Er sah mich verwirrt an. «Aber du gehst doch gar nicht hin!»

«Viele andere praktische Ärzte haben sich doch schon so darauf gefreut. Seit Wochen haben sie von fast nichts anderem gesprochen. Du bist der einzige, der etwas gegen die erschreckende Unwissenheit tun kann, in der sich die anderen Ärzte wie selbstverständlich suhlen.»

«Schon gut, schon gut... ich glaube, es ist meine Pflicht.»

Er mußte sich beeilen, um rechtzeitig in seine Ambulanz ins Krankenhaus zu kommen.

Mrs. Osgood erschien mit den ersten Krankenblättern.

«Heute abend, Mrs. Osgood», murmelte ich.

Sie schlug die Augen nieder. «Wie könnte ich das vergessen, Herr Doktor?»

«Wir können gleich nach der Abendsprechstunde losfahren.»

«O nein, ich muß zu Hause noch mein hübsches neues Kleid anziehen.»

«Torschlußpanik», murmelte ich und leckte mir die Lippen.

10

Das Old Tyme Inne war ein in den dreißiger Jahren im Tudorstil erbautes «Rasthaus», ein ehrwürdiges Denkmal aus dem Zeitalter, in dem eine Autofahrt noch so romantisch war wie das Fliegen mit dem eigenen Flugzeug.

Das Essen war ungenießbar, der Wein nicht zum trinken, die Kellner unmöglich.

Der Abend war traumhaft.

Und das Kerzenlicht war so schummrig wie überall.

«Sie sind wirklich der wundervollste Mensch, dem ich je begegnet bin, Herr Doktor», sagte Mrs. Osgood mit rauher Stimme und schlug die Augen nieder, während sie ihren Kaffee mit *crème de menthe* und After Eight genoß.

Ich sagte: «Na, na!»

«So hilfsbereit», hauchte sie, «so liebenswürdig, so aufmerksam.»

Ich sagte: «Ach, hören Sie doch auf!»

«So verständnisvoll, so freundlich, so höflich, so galant!»

Ich sagte: «Jetzt übertreiben Sie aber!»

Mrs. Osgood seufzte tief.

«Ich hätte nie gedacht, daß ich nach dieser scheußlichen Scheidung so einen...», sie sah mir in die Augen, «...netten Chef finden würde.»

Ich fragte eindringlich: «Rede ich nicht zu geschwollen?»

«Aber nein, Herr Doktor! Die Unterhaltung mit Ihnen ist so anregend wie ein Glas spritziger Sekt.»

Über die Studentenblumen aus Papier hinweg hielt ich ihre Hand.

«Mrs. Osgood», erwiderte ich maßvoll, «Sie sind so wohltuend. Sie entdecken offenbar Seiten an mir, die andere nicht sehen.»

Sie ließ ihre Hand *in situ*, schlug die Augen nieder und sagte mit rauher Stimme: «O ja, Herr Doktor, das stimmt.»

Ich legte meine Hand auf die ihre.

«Ich würde mich freuen, wenn Sie mich zu Hause besuchen, Herr Doktor», murmelte sie.

Ich sprang auf. «Jetzt?»
«O nein.» Sie schien überascht zu sein. «Nicht jetzt.»
Ich sammelte die verstreuten Studentenblumen auf.
«Wann dann, Mrs. Osgood?» fragte ich mit flehentlichem Unterton.
Sie knabberte an ihrem After Eight. «Vielleicht nächste Woche, Herr Doktor?»
«Fein!» rief ich aus. Ich setzte mich wieder. «Montag? Dienstag?»
«Wie wäre es mit Mittwoch?»
«Gerne!»
Sie lächelte zögernd. «Sehen Sie! Sie sind so nett. Sie braucht man nicht zweimal einzuladen.»
«Mit welch erfreulicher Bescheidenheit Sie Ihre überwältigenden sexuellen Reize zur Schau stellen», wollte ich sagen, aber ich brachte nur ein Krächzen heraus.
Ihre Augenlider senkten sich so wunderschön wie zwei Schmetterlinge, die auf eine Rose niederschweben.
«Kommen Sie gleich nach der Sprechstunde, Herr Doktor. Dann können wir uns einen schönen Abend machen.»
«Großartig!» rief ich aus. Ich sammelte die Studentenblumen ein zweites Mal auf.
Es war Mitternacht, als ich nach Hause kam. Ich hatte ein schlechtes Gewissen. Aber selbst Mr. Pickwick hatte seine Liebesabenteuer. Er fand sich im Schlafzimmer der Dame mittleren Alters, mit den gelben Papilloten im Haar, im Great White Horse in Ipswich wieder. Angeblich suchte er seine Uhr. Sehr wahrscheinlich!
Vorsichtig öffnete ich die Haustür. Das Licht war noch an. Ich war überrascht. Sandra saß am Kamin und strickte an einem Teewärmer.
Ich fragte aufgeräumt: «Du bist noch auf, Liebes?»
«Der Vortrag im Krankenhaus hat aber lange gedauert.»
«Furchtbar lange. Du kennst doch Basil Barty-Howells. Er ist natürlich absolut brillant, schüttelt die Sache mit den Elektrolyten nur so aus dem Ärmel, aber er ist so weitschweifig wie ein Politiker ohne Redezeitbegrenzung.» Ich fügte befriedigt

hinzu: «Aber jetzt weiß ich auch einfach alles über den Elektrolythaushalt.»

Ich schenkte mir einen Old Fettercairn ein.

«Seit wann interessierst du dich so für den Elektrolythaushalt?» fragte Sandra und machte einen Stich.

«Oh, schon seit Jahren. Der Elektrolythaushalt ist ein interessanter Bereich der Medizin.»

«Denk doch einmal nach. Wann bist du das letztemal zu einem Vortrag über irgend etwas gegangen, seit du dir auf der Universität gezwungenermaßen Vorlesungen anhören mußtest?»

«Man ist dazu verpflichtet», klärte ich sie auf. «Man muß sich die neuesten Errungenschaften aneignen, bevor es zu spät ist. *Torschlußpanik*, weißt du.»

Ich trank einen Schluck.

«Eigentlich merkwürdig», sagte sie ruhig, während sie einen Faden abschnitt, «daß deine Praxiskollegin Elaine Spondek dich dort nicht gesehen hat.»

«Was um alles in der Welt macht Elaine bei einem Vortrag über den Elektrolythaushalt?» fragte ich hitzig. «Das ist doch viel zu hoch für sie.»

Sandra konzentrierte sich auf einen Faden, den sie einfädelte. «Sie meinte, es sei eine nette Geste gegenüber Basil Barty-Howells.»

Schweigend schenkte ich mir noch ein Glas Old Fettercairn ein.

«Liebster!» Sandra sah mich an. «Ich bin dir nicht böse, nicht im geringsten.»

«Es tut mir leid», murmelte ich, «ganz furchtbar leid.»

«Hast du dich gut amüsiert?»

Ich zuckte die Schultern. «Überhaupt nicht. Wie konnte ich auch? Ich wurde von Gewissensbissen, Schuldgefühlen, Reue geplagt.»

Sie lächelte matt. «Ich bin sicher, daß es dir Spaß gemacht hat, oder?»

«Es war vielleicht nicht so übel», gab ich zu.

«Na, siehst du.»

«Ich verdiene wirklich alles, was du mir jetzt vielleicht vorwirfst.»

«Da bin ich aber gerührt! Du hast dir solche Mühe gegeben, eine Ausrede zusammenzubasteln.»

«Ich bin ein doppelzüngiger Wurm!»

«Du weißt doch, wie ich es mir zu Herzen nehme, wenn du mich Abend für Abend allein läßt, um dein idiotisches Billard zu spielen.»

Sie legte die Stickerei weg. «Ich hoffe, du hast gewonnen, Lieber! Kommst du ins Bett?»

Ich starrte ihr nach und schenkte mir dann noch einen Old Fettercairn ein.

Montag morgen.

«Welch überwältigende Zärtlichkeit!» lachte Sandra.

Ich sah sie verdutzt an.

«Richard, du hast das ganze Wochenende ständig an meinem Ohrläppchen geknabbert, und jetzt kochst du mir ein Ei. Gibt es eine andere Frau? O Gott! Jetzt hast du den Toast mit der Butter nach unten fallen lassen. Normalerweise ist eine Liebesaffäre der Grund für einen unerwarteten Ausbruch von Zärtlichkeit in einer langjährigen Ehe», klärte sie mich auf. «Jeder sagt das.»

Ich murmelte etwas wenig Überzeugendes von Wiedergutmachung, weil ich ihren Geburtstag vergessen hatte.

Meine Kollegin, die mütterliche Elaine Spondek, begrüßte mich im Vorzimmer unserer Praxis, einem kleinen rechteckigen Raum mit senffarbenen Wänden und einem Plastikfußboden.

«Sandra schien zu glauben, daß du zu diesem entsetzlich langweiligen Vortrag am Freitag kommen würdest», verkündete sie munter.

«Ich kann mir nicht vorstellen, wer sie auf diese Idee gebracht hat. Finde ich prima, daß du hingegangen bist.»

«Auch nur deshalb, weil ich hoffe, daß Basil Barty-Howells mein altes Auto kauft. Ich möchte mit dir über Judy Osgood reden.»

Ich machte einen Satz. «Du meinst das Old Tyme Inne?»

Sie runzelte die Stirn.

Ich fragte zögernd: «Du weißt alles darüber?»

«Nun, es steht im Telefonbuch.»

«Ah, dann weißt also nichts.»

Sie starrte mich an. «Richard, leidest du unter geistiger Verwirrung?»

«Es ist *Torschlußpanik*», erklärte ich schnell.

«Ich hoffe, du weißt, wie du sie behandeln mußt. Hör zu, ich wollte dich etwas über Judy Osgood fragen.»

Ich schlug die Hände zusammen. «Wir sind nur gute Freunde.»

«Das möchte ich hoffen. Ihr arbeitet schließlich den ganzen Tag zusammen.»

«Aber so gute Freunde nun auch wieder nicht.»

Sie spitzte die Lippen. «Richard, heute ist Montag. Nicht einmal die Marx Brothers gemeinsam mit dressierten Seehunden auf Schlittschuhen wären so lustig.» Wie zu einem schwierigen Kind sagte sie: «Ich möchte nur wissen, was du von Judy Osgood hältst.»

«Sie ist ein Schatz.»

«Wenn sie bleiben möchte, willst du sie dann behalten?»

«Ich würde sie liebend gern behalten.»

«Dann ist ja alles in Ordnung. Ich verstehe gar nicht, warum du so einen Aufstand deswegen machst. Wie hieß diese deutsche Krankheit noch gleich?»

«*Torschlußpanik*! Sie ist im Moment ziemlich verbreitet.»

Ich ging in mein Sprechzimmer. Mrs. Osgood legte gerade die Karteikarten der Patienten auf den Schreibtisch.

«Hallo», begrüßte ich sie verlegen.

Sie schlug die Augen nieder.

«Es war einfach wundervoll gestern abend, Doktor.»

Ich räusperte mich.

«Ich werde diesen Abend nie vergessen, Herr Doktor.»

«Aber das war noch gar nichts gegen das, was nächsten Mittwoch abend sein wird.»

Sie sah auf, klimperte mit den Wimpern und lächelte scheu. «Ich werde mein Bestes tun», versprach sie.

«Dann werden Sie sich auch immer an diesen Abend erinnern.»

Gut gelaunt nahm ich mir meine Patienten vor.

Der Vormittag war vorüber. Ich hoffte, allen das Richtige verschrieben zu haben, obwohl das bei den meisten Patienten, die einen praktischen Arzt aufsuchen, keine große Rolle spielt.

«Heute *kein* Billard mit Jack Windrush», ermahnte mich Sandra beim Mittagessen. «Hast du vergessen, daß Jilly und Peter heute abend zu Besuch kommen? Sie haben immer noch nicht auch nur den Schimmer einer Idee, wann sie heiraten werden.»

Ich glaube, ich hätte auf die regelmäßigen Demütigungen durch einen so intelligenten Menschen wie Peter stolz sein sollen, der noch dazu so tat, als kannte ich mich in der Medizin besser aus als er. Beim gegrillten Hähnchen fragte ich ihn nach den neuesten gynäkologischen Forschungsergebnissen.

«Oh, noch mehr Risiken beim Sex», antwortete er lächelnd. «Wir haben die Statistiken über Männer untersucht, die an einem Herzinfarkt im Bett gestorben sind, und mußten feststellen, daß die meisten dieser Infarkte während des Geschlechtsverkehrs aufgetreten sind.»

«Wirklich?» sagte ich.

«Wie furchtbar für die arme Frau», bemerkte Jilly.

Peter lachte. «Sei doch kein Kindskopf, Liebes! Es ist im allgemeinen *nicht* seine arme Frau. Zu den meisten Todesfällen kommt es während des außerehelichen Geschlechtsverkehrs, durch die Aufregung, weißt du.»

«Ja, die Aufregung», murmelte ich.

«Ich nehme an, der Blutdruck steigt dabei sehr viel höher als beim normalen Verkehr mit der Ehefrau», meinte Jilly. «Mama, dein Apfelmus ist wie immer unschlagbar.»

«Ich habe einen Schuß Orangensaft hineingetan, Liebes.»

Peter informierte uns weiter: «Nehmen wir einen typischen Fall: ein Geschäftsmann mittleren Alters mit seiner Sekretärin. Er ist wahrscheinlich übergewichtig und unsportlich; er hat bereits einen leicht erhöhten Blutdruck. Er gerät außer Atem, wenn er einem Taxi nachrennt. Er legt sich ins Zeug, als gelte es, den Hundertmeterlauf bei den Olympischen Spielen zu gewinnen, denkt nicht an die Folgen, und plötzlich ist Sense.»

«Furchtbar peinlich für den Verstorbenen», bemerkte Jilly. «Er weiß nie, wo er vielleicht gefunden wird.»

Ich starrte Peter an. «Das sind doch sicherlich Einzelfälle?»

«Du wärest überrascht, Richard, wie häufig so etwas vorkommt. Eine schlimme Erfahrung für das Mädchen. Ich glaube, es ist so, als würde man beim Grand National unter seinem toten Pferd begraben.»

«Ist dein Hähnchen nicht in Ordnung?» fragte Sandra besorgt.

«Ich bin nicht besonders hungrig.»

Mittwoch.

Ich kam von der Abendsprechstunde nach Hause.

«Liebste, ich muß mich beeilen», entschuldigte ich mich bei Sandra. «Heute hole ich die verschobene Billardpartie von Montag mit Jack Windrush nach.»

Sandra ordnete gerade einen Strauß Rosen und sah auf. «Oh, Jack hat gerade angerufen. Er wollte dich daran erinnern, daß der Billardtisch für das Spiel gegen den Kricketclub reserviert ist, falls du auf die Idee kommen solltest, heute abend in den Club zu gehen. Bleib zu Hause, Lieber, ich mach dir etwas Feines zu essen.» Sie starrte mich an. «Aber was ist denn los? Das ist doch keine Katastrophe.»

«Ich muß noch mal weg», stammelte ich.

Sie sah besorgt drein. «Doch nicht schon wieder so ein seltsamer Anfall?»

«Ich muß noch ein paar Patienten besuchen», krächzte ich.

«Aber du hast doch gar nicht Bereitschaftsdienst, Liebster. Elaine ist dran.»

«Trotzdem muß ich noch welche besuchen.»

«Das hast du doch schon den ganzen Tag getan.»

«Dann muß ich jetzt eben noch welche besuchen.»

«Aber von heute sind doch sicher keine mehr geblieben?»

«Ich gehe noch mal weg», sagte ich und verließ das Haus.

Mrs. Osgoods Wohnung befand sich in einem zehnstöckigen modernen Block mit Blick auf den Churchill-Memorial-

Park. Drei meiner Patienten wohnten dort. Hoffentlich waren sie nicht zu Hause.

Ich fuhr mit dem Lift hinauf. Mein Puls raste, ich bekam kaum Luft, mir war übel, mein Mund war trocken. Die ersten Anzeichen eines Herzinfarkts? Ich stellte mir vor, wie man mich auf einer Bahre heruntertragen und mit Blaulicht in die Intensivstation des Krankenhauses transportieren würde, wo Basil Barty-Howells meiner harrte, von dem ich wußte, daß er an diesem Abend in der Ausübung seines Berufes genauso unzuverlässig war wie ich.

Ich klingelte. Entschieden sagte ich mir, daß das alles Symptome von Torschlußpanik seien.

Strahlend öffnete Mrs. Osgood die Tür. Das Kleid, das sie trug, war aus einem sehr dünnen Stoff.

Sie schenkte mir ein bezauberndes Lächeln.

«Oh, Herr Doktor», sagte sie mit rauher Stimme und schlug die Augen nieder. «Auf diesen Augenblick habe ich schon lange gewartet.»

Ich schluckte.

«Endlich darf ich Sie in meinem Heim empfangen. Kommen Sie doch herein.»

Ich betrat die Wohnung.

Ich konnte mich nicht entscheiden, ob ich mich amüsieren oder tot umfallen sollte.

«Sie müssen meine Mutter kennenlernen», sagte Mrs. Osgood.

Eine gutaussehende, sorgfältig gekleidete Dame mit lockigem Haar streckte eine zarte Hand aus und lächelte ebenfalls bezaubernd.

«Meine Tochter hat mir alles über Sie erzählt, Herr Doktor.»

Ich schluckte wieder.

«Ich bin Ihnen so dankbar, daß Sie sich um Judy kümmern. Ihr Leben war nach dieser grausamen Scheidung völlig zerstört, aber sie war so vernünftig, es nicht auf falsche Weise wieder aufbauen zu wollen. Nicht wahr, Liebes? Aber nach all der Ermutigung, die Sie ihr in der Praxis zuteil werden ließen, ist sie absolut davon überzeugt, die Richtige zu sein.»

«Die Richtige wofür?» murmelte ich.

«Für die Samariter», sagte Mrs. Osgood stolz. «Dann kann ich den unglücklichen Menschen *wirklich* helfen. Es ist natürlich ehrenamtlich, aber mir ist ein phantastisch bezahlter Job in einem Maklerbüro angeboten worden, und ich fange dort am Montag an. Sie werden doch sicherlich nicht auf der Kündigungsfrist bestehen.» Sie drehte sich zu ihrer Mutter. «Er ist so ein netter Kerl.»

Das *Tor* war *geschlossen.*

«Du bist aber schnell zurück.» Sandra sah überrascht auf, während sie eine Omelette zubereitete. «Viele Patienten hast du anscheinend nicht besucht.»

Ich schenkte mir ein halbes Glas Genmorangie ein.

«Ich habe keine Patienten besucht», gestand ich.

«Du hast das Haus so hastig verlassen, als sei wieder die Pest ausgebrochen.»

«Ich bin im Old Tyme Inne gewesen. Weißt du, das Lokal an der Dover Road, acht Kilometer von hier.»

«Aber wozu? Schmeckt dir nicht, was ich koche?»

Ich trank den Glenmorangie und knabberte an Sandras Ohrläppchen. «Es ist so köstlich wie immer, aber du hast dir einen freien Abend verdient, an deinem Geburtstag. Wir geben ein Essen für fünfzig Personen. Mit George, Dilys, lad deine ganze Familie und alle unsere Freunde in Churchford ein. Es wird ein Essen bei Kerzenlicht.»

«Richard!» Sie strahlte. «Du bist wirklich ein wundervoller Ehemann.»

«Danke. Ich hab übrigens auch das Billardspielen aufgegeben.»

Jack Windrush war der erste, der an jenem Freitag abend ins Old Tyme Inne kam.

«Entschuldige, daß ich so früh da bin», meinte er, «aber ich dachte, daß Daphne mich hier treffen könnte, weil ich dringend ins Krankenhaus gerufen wurde. Ich mußte eine komplette Blutkörperchenzählung bei Basil Barty-Howells machen.»

«Aber er kommt doch zum Essen?» wollte ich wissen.

«Nein», antwortete Jack, «er wird operiert – perforiertes Zwölffingerdarmgeschwür. Jilly hat gesagt, sie kommt später, weil sie Bill Igtham bei der Operation assistieren muß. Ich persönlich glaube ja, daß seine Diagnose falsch war. Das sind nur die Wehen, wenn ein Adeliger zur Welt kommt. Ist das da nicht eine Flasche Bruichladdich, die du so geschickt hinter den Gladiolen versteckt hast? Wir müssen doch nicht auf die anderen Gäste warten? Wäre es nicht furchtbar lustig, wenn sich um Mitternacht herausstellt, daß es sich die Königin mit Basil anders überlegt hat? Wie ich gehört habe, ist Margaret schon bei Asprey's gesehen worden – sie hat Diademe anprobiert.»

II

«Schön, wieder dazusein», sagte Mrs. Jenkins.

Es war Anfang Juli. Das Wetter war herrlich. Alle meine Patienten waren naß vor Schweiß.

«Diese Mrs. Osgood.» Mrs. Jenkins rümpfte die Nase. Sie war eine kleine, dunkelhaarige, hitzköpfige Person. «Sie hat alles in einem unglaublichen Zustand zurückgelassen.»

Ich saß auf meinem Stuhl im Sprechzimmer und stöhnte: «Ich habe sie alles selber machen lassen, hab kaum ein Wort mit ihr gewechselt, Sie schien mir eine seltsame Person zu sein.»

«Ich dachte, daß ich mit diesem Job nichts als Ärger hätte», erklärte Mrs. Jenkins freimütig, «bis ich gekündigt hatte. Da stellte ich nämlich plötzlich fest, daß der Ärger nichts war verglichen mit dem Spaß, den ich daran hatte.»

«So ist es auch im Leben, wie Mr. Flintiron gerade traurigerweise erkennen muß.»

Sie hob die Augenbrauen. «Ist er schon operiert?»

Ich seufzte. «Darmkrebs. Ich dachte, es sei Divertikulitis, dann hätte man das Geschwür herausgeschnitten, und er hätte noch jahrelang zu Hause in Australien leben können. Bill Igtham war der Operateur, er meinte auch, es könnte Divertikulitis sein, aber der pathologische Befund war eindeutig: ein schnell wachsender bösartiger Tumor. Ich hätte gerne mit Doktor Windrush darüber gesprochen, aber er ist auf Urlaub in Italien. Armer alter Flintiron! Einer der Besten! Er wurde letzten Montag ins St.-Ethelnoth-Hospiz gebracht.»

Mrs. Jenkins sah finster drein. «Das ist nicht gerade die beste Adresse in Churchford. Mr. Whynn hat heute morgen angerufen, bevor Sie gekommen sind. Sie möchten ihn zurückrufen. Ist er nicht zu Doktor Quaggy gewechselt?»

Ich fragte scharf: «Wer hat das gesagt?»

«Quaggy! Ich habe ihn im Dingley Bell Coffee Shop getroffen.»

Ich knirschte mit den Zähnen und erklärte: «Mr. Whynn hat jedem verziehen, der in diese unglückliche Geschichte verwikkelt war, einschließlich Annabel.»

«Was für ein dummes Mädchen. Der Staatsanwalt hätte sie nicht ins Gefängnis stecken, sondern ihr besser den Hintern versohlen sollen.»

Nach der Abendsprechstunde fuhr ich zu Jim. Das ausländische Mädchen führte mich ins runde Wohnzimmer, wo Jim gerade eine Flasche Highland Park öffnete.

«Ich hab das Zeug extra für dich gekauft. Was weißt du über das St.-Ethelnoth-Hospiz?» fragte er aufgeräumt.

«Eine exquisite Institution unseres Städtchens, aus der kein Reisender zurückkehrt.»

«Und was ist mit Mrs. Huntington-Hartley, der Leiterin?»

«Sie hat dem Tod den Stachel genommen.»

«Ist sie nett?»

«Eine blonde Frau mittleren Alters mit einer furchterregenden Rubensfigur. Der Typ Frau, der für wohltätige Zwecke Marmelade kocht, Tombolas für ein neues Kirchendach veranstaltet und bei Katastrophen heißen Tee ausschenkt.»

«Oh, einer unserer nationalen Aktivposten», stellte Jim fest. «Sie möchte mich zum neuen Schirmherrn des Hospizes machen. Der letzte hat seine Aufgabe bis zum Ende erfüllt, indem er dort starb.»

Ich trank einen Schluck Scotch. «Scheint mir ein vernünftiger Schritt zu sein. Das Hospiz hat hier einen weitaus besseren

Ruf als das Krankenhaus, wo man bemüht ist, so wenig Leute wie möglich reinzulassen.»

Er sah mich zweifelnd an. «Wenn ich an diese Heime denke, überläuft mich ein kalter Schauer. Es ist schon schlimm genug, herumzugehen und lebenden Menschen die Hände zu schütteln, aber Sterbende würden den Charme eines jeden Politikers wahrhaftig auf eine harte Probe stellen. Andererseits glaube ich nicht, daß sie einen mit schwierigen Fragen über ihre Zukunft bombardieren würden. Könntest du für mich mehr über dieses Hospiz in Erfahrung bringen?»

«Ich habe zufällig gerade einen Patienten dort.»

«Phantastisch», sagte er begeistert. «St. Ethelnoth untersteht natürlich nicht dem Gesundheitsdienst. In Wirklichkeit besteht meine Aufgabe darin, Geld dafür aufzutreiben, aber bei meinem gegenwärtig schweren Stand im politischen Leben muß ich meinen Umgang vorsichtig auswählen.»

Ich versprach, ihm einen Bericht über diese stets geschäftige Abflughalle ins Jenseits zu liefern.

«Um wieder auf das Leben zurückzukommen», fuhr Jim fort und streckte, in seinem Sessel lümmelnd, die langen Beine aus, «was hältst du von dieser neuen Idee der Leihmütter?»

«Neu? Mein lieber Freund, in dieser Beziehung werden bereits im Alten Testament viele seltsame Dinge erwähnt. Wie steht's mit Abraham, seiner unfruchtbaren Frau Sarah und der ägyptischen Nebenfrau Hagar? Eine überaus zufriedenstellende Übereinkunft, besonders da Abraham damals sechsundachtzig war.»

Jim nickte lächelnd. «Vor der Sommerpause findet noch eine Debatte statt. Das Parlament liebt es, über Sex in jeder Form zu diskutieren, über Embryos, Vergewaltigung, Homosexualität, Pornobuchläden. Das ist eine erfrischende Abwechslung nach den Kohlebergwerken und dem Spionageabwehrgesetz. Es kann nie schaden, mitfühlende Besorgnis für die sexuellen Probleme anderer an den Tag zu legen. Könntest du mir Informationsmaterial darüber beschaffen?»

Er schenkte mir noch einen Highland Park ein. «Ich verlange natürlich nicht, daß du meine dreckige Arbeit umsonst machst, Richard, obwohl viele Politiker nach diesem Grundsatz handeln. Du wirst dich daran erinnern, daß, bevor das Mädchen so garstig zu mir war wie Charlotte Corday zu Marat in seinem Bade...»

«Bei teilweisem Strafnachlaß kommt sie in ein paar Monaten aus dem Gefängnis», unterbrach ich.

«Wirklich? Nun, ich glaube, sie hat sich allmählich an das Leben dort gewöhnt. Du hast mich damals über den Nationalen Gesundheitsdienst informiert – eigentlich vergebliche Mühe, aber ich mußte einfach meine Chance im Energieministerium wahrnehmen. Es ist immer das gleiche in der Politik: Sobald ein Minister anfängt, sich in seinen Aufgabenbereich einzuarbeiten, wird die Regierung umgebildet. Ich habe doch mal mit dir über einen Sitz in dem Komitee gesprochen, das die Regierung Ihrer Majestät in Fragen der Allgemeinmedizin beraten soll.»

Ich nickte.

«Das Angebot ist noch aufrecht. Forditch, der Chef des Gesundheitsministeriums, möchte unbedingt einen Adelstitel bekommen und an der Börse ein Vermögen verdienen. Er behält mich, weil er hofft, daß die Bank, die mein Vater leitet, ihn dabei unterstützen wird. Hast du noch Interesse an der Sache?»

Ich erklärte: «Es würde mir das Gefühl geben, am Ende meiner beruflichen Laufbahn etwas erreicht zu haben, die, wie ich fürchte, enden wird, ohne daß ich all das vollbracht habe, was mir in meiner Jugend vorschwebte. Hat das geschwollen geklungen?» fragte ich besorgt.

Jim sagte liebenswürdig: «Nein, eher nach Torschlußpanik. Ist der Scotch nicht in Ordnung?»

«Ich hab ihn nur in die falsche Kehle gekriegt.»

«Ich nehme an, du kennst unsere Berufsfeministin, Miss Hortense Tankerton?»

«Sie ist Sandras Busenfreundin, falls dieser sexistische Ausdruck erlaubt ist.»

«Ich glaube, sie hat sich immer noch nicht davon erholt, daß sie nicht in das Warnock-Komitee für Leihmütter, Embryos und andere aufregende Dinge aufgenommen wurde. Ich treffe sie immer auf den Pressekonferenzen. Wie ich gehört habe, kommt sie morgen zu euch.»

Ich sprang auf. «Verdammt noch mal! Das wird sie nicht!»

Jim zuckte die Schultern. «Frag am besten Sandra. Miss Tankerton schien sich ziemlich sicher zu sein. Aber sie ist sich jeder Sache sicher.» Er erhob sich und begleitete mich zur Tür. «Wie geht es dem frischgebackenen Sir Basil?»

«Er ist froh, daß man ihn schließlich doch nicht operiert hat, und benimmt sich so, als hätte seine Familie den Adelstitel schon seit der Zeit Wilhelms des Eroberers. Seine Frau ist so überwältigt, daß sie nicht mehr aus dem Haus geht. Ein seltsames Paar!»

Als ich nach Hause kam, fragte ich wütend: «Was habe ich da von Miss Hortense Tankerton gehört?»

Sandra, die gerade junge Kartoffeln schälte, sah auf.

«Ja, Hortense bleibt ein paar Tage bei uns», sagte sie ruhig. «Das habe ich dir doch sicher erzählt?»

«Sie ist doch gerade erst weggefahren.»

«Unsinn! Sie hat uns seit zwei Jahren nicht mehr besucht.»

Ich überlegte düster: «Prometheus hatte wahrscheinlich das gleiche Gefühl, als ihn die Adler heimsuchten.»

Sandra runzelte die Stirn. «Ich verstehe nicht, was du meinst.»

«Er war an einen Felsen gefesselt, und die Adler kamen jeden Tag, um zum Frühstück von seiner Leber zu naschen. Das ging jahrelang so.»

«Sei nicht beleidigend!»

«Keineswegs. Ich bin nur klassisch.»

Sandra zog ein nachdenkliches Gesicht. «Danke, daß du mich daran erinnert hast: Hortense haßt Müsli zum Frühstück. Sie unterrichtet die Mädchen in St. Ursula. Die Direktorin sagt, daß gerade eine Mumpsepidemie herrscht. Deshalb mußte sie das Besucherzimmer in eine Notkrankenstation umfunktionieren.»

«Ich weiß», rief ich, «ich bin nämlich, verdammt, der Schularzt dort.»

«Deine Ausdrucksweise wird allmählich so schlimm wie die

eines Fußballrowdys. Ich frage mich, warum du in letzter Zeit so gereizt bist», murmelte sie. «Du bist doch nicht in den Wechseljahren des Mannes? Wie dem auch sei, Hortense ist eine erfreulich anregende Gesellschaft. Die anderen waren neidisch auf die wirklich brillanten Sachen, die sie für die Sonntagszeitungen und die BBC macht, nur deshalb wurde sie nicht in das berühmte Warnock-Komitee aufgenommen. Woher weißt du übrigens, daß sie kommt?» fragte sie mich direkt.

Ich wurde so ruhig wie Prometheus, der sieht, daß die Adler anderswohin zum Lunch geflogen sind.

«Jim Whynn schien es zu wissen. Er hat mich wieder gefragt, ob ich an einem Sitz in dem Regierungskomitee für praktische Ärzte interessiert bin. Ich finde, das würde noch ein wenig Wärme in die Abenddämmerung meiner Karriere bringen.»

«Ich würde die Finger davon lassen.»

«Warum?»

«Steckst du nicht schon bis über beide Ohren in der Klemme wegen der Politiker?»

«Ich kann mit Jim Whynn wie mit jedem anderen menschlichen Wesen fertigwerden», prahlte ich. «Ärzte, Priester, Richter und Beamte kennen die Menschen so gründlich, als hätten sie sie selbst gemacht. Sartre hat das gesagt.»

Sie schüttelte den Kopf. «Du bist viel zu ehrlich, mein Lieber.»

Ich dachte an Mrs. Osgood. Ich wurde von Gewissensbissen gepeinigt wie Prometheus von dem Adler, der sich zum zweitenmal bedient.

Am nächsten Morgen verließ ich schlecht gelaunt das Haus. Zu Mrs. Jenkins war ich kurz angebunden. Sie erklärte, sie werde mein Nörgeln nicht länger hinnehmen und sei durchaus imstande, noch einmal zu kündigen, falls notwendig auch mitten in der Sprechstunde. Sie fegte aus dem Zimmer, gerade als Mr. und Mrs. Cluff hereinkamen.

Es waren nette, anständige Leute, so um die dreißig. Er Versicherungsvertreter, sie Verkäuferin bei Robbins-Moden,

Churchfords schickem *couturier*. Seit zehn Jahren versuchten sie ernsthaft – ich glaube, jede Nacht – ein Kind zu zeugen.

«Sie haben uns zu Mr. Taverill ins Krankenhaus geschickt, der meinte, der Fehler liege bei mir», sagte Mrs. Cluff mit unangebrachtem Schuldgefühl.

«Deshalb kommt für uns eine künstliche Befruchtung durch einen Spender nicht in Frage», meinte Mr. Cluff düster.

«Wie funktioniert denn die Sache mit dem tiefgefrorenen Embryo?» fragte Mrs. Cluff zögernd.

Ich war nicht in der Stimmung, einen Vortrag über die Fruchtbarkeit zu halten. Ich erklärte kurz: «Die weibliche Eizelle wird mit einem Instrument, das wie ein Apfelpflücker aussieht, entnommen und dann in einem Reagenzglas mit dem Sperma des Ehemannes vermischt, wodurch ein Embryo entsteht. Dieser kann in flüssigem Stickstoff eingefroren und im entscheidenden Augenblick in die Gebärmutter eingesetzt werden. Ein schwieriger Eingriff, und es ist schwierig, einen Arzt dafür zu finden, außerdem haben einige Moralapostel etwas dagegen.»

«Klingt ein wenig gruselig», sagte sie unbehaglich.

Die beiden sahen einander an.

«Herr Doktor, könnten Sie eine von diesen Leihmutteragenturen für uns kontaktieren?» fragte Mr. Cluff.

Ich schlug mit der Hand auf den Tisch. «Ganz bestimmt nicht. Diese Agenturen sind absolut unmoralisch, wenn nicht sogar kriminell. Sie sind vom Parlament gesetzlich verboten worden und anständig gesinnten Menschen ein Dorn im Auge. Sie werden das doch sicher im Fernsehen gesehen haben?»

Sie seufzte. «Wir wünschen uns so sehr ein Kind.»

«Das wünschen sich alle normalen Menschen», erklärte ich schroff. «Aber viele Moralapostel haben das vergessen, weil sie selbst mit genügend Kindern gesegnet sind. Allerdings können Leihmütter gegen Bezahlung eine Menge beängstigender Komplikationen verursachen. Es ist jedoch nichts gegen eine private Abmachung mit Ihren Schwestern, Cousinen und noch fruchtbaren Tanten einzuwenden.»

Das Paar verabschiedete sich, unentschlossen und unglücklich. Ich schämte mich, daß ich so barsch und gleichgültig gewesen war. Ich tröstete mich, indem ich mir sagte, daß die schädlichste Auswirkung bei diesem fashionablen genetischen Pfusch eine weitverbreitete Überspanntheit war.

An diesem Nachmittag saß ich in Mrs. Huntington-Hartleys hellem, mit Blumen überfülltem Büro im St.-Ethelnoth-Hospiz, das aus drei umgebauten und miteinander verbundenen geräumigen viktorianischen Villen bestand und im selben Teil Churchfords lag wie unser Haus.

«Wir blicken dem Tod offen ins Gesicht», klärte Mrs. Huntington-Hartley mich auf.

Ich nickte feierlich.

«Der Tod ist eine traurige Angelegenheit, Doktor Gordon. Im täglichen Leben wird nie offen und ungeniert darüber gesprochen. Er ist das letzte Tabu in einer Zeit, die sich soviel darauf einbildet, die Konventionen abgeschüttelt zu haben. Jeder von uns kann hier so frei über den Tod reden, wie man draußen über Sex spricht.»

«Und beides findet im Bett statt», bemerkte ich. Sie sah mich von der Seite an.

«Wir in St. Ethelnoth sind kreativ, was den Tod betrifft», fuhr sie eisig fort. «Wir verabreichen beispielsweise die schmerzstillenden Mittel immer in derselben Menge Flüssigkeit, so daß die Patienten nicht merken, wann wir die Dosis erhöhen.»

Ich nickte bewundernd.

«Es ist das Ziel meines Lebens, daß jeder glücklich stirbt.»

Ich nickte höflich.

Im Gegensatz zu meinen Patienten konnten sich die ihren nie hinterher über die Behandlung beschweren.

«Ihr Mr. Flintiron –» begann sie.

«Ein trauriger Fall!»

Sie preßte die Lippen zusammen.

«Er ist ein sehr schwieriger Patient. Aber er ist ja auch Australier», fügte sie nachsichtig hinzu.

Jeff Flintiron war ein Junggeselle mittleren Alters, der das

Wagnis unternommen hatte, ins Mutterland zurückzukehren, und der wie Mr. Rupert Murdoch und Mr. Barry Humphries hier ein Vermögen verdient hatte. Er stellte Haustiernahrung her. Obwohl sich Jeff so gut wie nicht um den Inhalt seiner Konserven scherte, übten sie eine so starke und geheimnisvolle Anziehungskraft aus wie Homers Lotus.

Je länger Jeff in England blieb, desto australischer wurde er. Das Känguruh war seine heilige Kuh, der Bumerang sein Excalibur und Baumwolle sein goldenes Vlies; ähnlich wie es sicherlich keine britischeren Briten als die Briten in Indien gab.

Ich fragte Mrs. Huntington-Hartley, wie Jeff sich denn eingelebt hätte.

Sie zog eine Karteikarte zu Rate.

«Stimmung neun», sagte sie mißbilligend. «Das ist der tiefste Punkt der Skala. Wir geben unseren Patienten jede Woche eine Note auf der Trübsinns-Skala, auf einer anderen wird der Grad ihrer Aggressivität vermerkt. Sterben macht einige äußerst wütend. Ich bedauere, daß Mr. Flintiron die glückliche, familiäre Atmosphäre stört, die ich hier anstrebe. Sie finden ihn in der Abteilung Gänseblümchen.»

Sie stand von ihrem Schreibtisch auf.

«Ich hoffe wirklich, daß Mr. Whynn bald wieder eine aktive Rolle in der Politik spielen wird», sagte sie mitfühlend. «Er ist für uns von unschätzbarem Wert bei der Beschaffung von Geld, das ja leider notwendig ist. Da geht es uns wie den Krankenanstalten früherer Zeiten, die durch Spenden finanziert wurden und wo ständig mit den Sammelbüchsen geklappert wurde, bevor Nye Bevan sie verstaatlichte. Ich fand, daß ich als Gegenleistung zumindest die Firma, an der, wie Sie vielleicht wissen, seine Frau beteiligt ist, mit der Verpflegung und den Reinigungsarbeiten beauftragen könnte.»

Ich wußte nichts davon und fragte mich, ob überhaupt jemand in Churchford davon wußte.

Sie führte mich durch die Abteilungen Lavendel, Vergißmeinnicht, Schlüsselblume und Schleifenblume in ein sonniges Dreibettzimmer. In dem einen Bett saß Jeff, an die Kissen gelehnt. Er trug einen mit Sonnenblumen bedruckten seidenen Morgenmantel und hielt einen Strauß Gladiolen in der Hand. Jeff war hager, mit dünnem Haar und wettergegerbtem Gesicht. Als ich ihn herzlich fragte, wie er sich fühle, antwortete er trübsinnig: «Wie ein Pavian mit einem Sonnenbrand auf dem Hintern.»

Die Australier haben die beeindruckende Gabe, mit der Sprache so umgehen zu können wie mit einem Kricketball.

«Superman würde eine Gänsehaut kriegen, könnte er das hier sehen. Danke, meine Liebe», sagte er zu einer jungen Schwester, die ihm ein Medizinglas mit einer weißen Flüssigkeit reichte. «Eine Dose kaltes Bier wäre mir lieber.»

Sie lächelte geduldig. «Das sagen Sie immer, Mr. Flintiron.»

Er schluckte die Medizin und zog eine Grimasse. «Wissen Sie was, Doktor! Hier geben sie einem die schmerzstillenden Mittel immer in derselben Menge Flüssigkeit, damit man nicht spitzkriegt, wenn die Dosis raufgesetzt wird. Verstehen Sie? Man muß sich damit abfinden. Zum Tanzen gehören zwei, selbst wenn es sich um einen Totentanz handelt. Sie tun ihr Bestes, um uns aufzumuntern, also sind wir munter, um sie aufzumuntern, kapiert?»

Ich murmelte: «Sie können ihnen keinen Vorwurf machen, weil sie versuchen, Sie von ... äh, diesen Dingen abzulenken.»

Er sagte niedergeschlagen: «Ich glaube, daß selbst die Musikkapelle auf der *Titanic*, die *Yes, We Have No Bananas* spielte, die Passagiere nicht von dem Bad im eiskalten Wasser ablenken konnte, das ihnen bevorstand.»

Ich fragte, wie er die Betreuung fand.

«Der Kaplan scheint ein anständiger Bursche zu sein, aber vielleicht ist er das auch nur, weil ich noch vor ihm seinen Boss treffen werde. Wir singen jeden Morgen zusammen ein Lied. Na ja, ich glaube, es ist nie zu spät, um neue Erfahrungen zu sammeln. Und es gibt nicht viel zu tun, außer fernsehen. Andauernd erzählt man mir, jetzt sei für mich die Zeit gekommen, der Wirklichkeit ins Gesicht zu sehen. Ich persönlich meine, daß ich das jetzt nicht möchte. Das ist übrigens Mrs. Watkins.»

Ich hatte die freundliche Dame mit der rosigen Gesichtsfarbe, die ein zitronengelbes Leinenkleid trug und mit einem Buch auf dem Schoß neben dem Bett saß, schon neugierig betrachtet.

«Mrs. Watkins hat mir die Gladiolen mitgebracht, damit ich mich wie zu Hause fühle. Ihr Mann ist hier abgekratzt.»

Jeff brummte: «Ein guter Krimi mit vielen Leichen wäre mir lieber.»

«Wir sind bis zu dieser zum Schreien komischen Stelle gekommen, wo Gussie Fink-Nottle die Preise überreicht, nicht wahr?» erinnerte sie ihn und suchte mit dem Finger eifrig die Zeile.

«Lassen Sie sich nicht bei Ihrem Vergnügen stören», sagte ich hastig.

Ich stahl mich davon. Diese Kandidaten für die Ewigkeit waren ein herzzerreißender Anblick – besonders, wenn sie es nicht mehr weit bis dahin hatten.

Am Ausgang traf ich Doktor Quaggy.

«Eine wundervolle Frau, diese Mrs. Huntington-Hartley», waren seine Begrüßungsworte. Seine Stimme klang wie eine gutgeölte Maschine.

Er war ein großer, gutaussehender Mann mit silbergrauen Haaren und einem Schnurrbart, der an Eisenteilspäne unter einem Magneten erinnerte.

«Einfach großartig, wie sie das Unausweichliche weniger unerträglich macht», fügte er bewundernd hinzu. «Und wie geht es *dir*, Richard?»

«Prächtig!» sagte ich scharf. Die Umgebung veranlaßte mich zu einer trotzigen Antwort.

«Dieses entsetzliche Theater um Jim Whynn muß eine furchtbare Belastung für dich gewesen sein», fuhr er mitleidig fort. «Weißt du, was *ich* an deiner Stelle getan hätte?»

«Was denn?»

«Ich wäre sofort in Pension gegangen und in die Algarve übersiedelt.»

«Ich spüre so wenig das Verlangen, in der Algarve zu leben, wie in Alaska.»

Er lachte vergnügt in sich hinein.

«Aber Sandra würde gern dort sein. Jeder in Churchford weiß das.»

«Jeder außer mir.»

«Darf ich dir etwas sagen, Richard, ganz unter uns, und ganz offen?»

Bekümmert fixierte er mich mit seinen grauen Augen.

«Wir sind so alte Freunde», versicherte er mir, «und es ist etwas, was du wissen solltest: Nachdem du Jim Whynns sämtliche Fehler und Schwächen in den Zeitungen hattest veröffentlichen lassen, beschloß er, den Hausarzt zu wechseln und zu mir zu kommen. Verständlich, Richard, das wirst du doch zugeben? Du bist doch ein fairer Mensch. Du sollst wissen, daß ich mich geweigert habe, ihn zu nehmen. Standhaft und wiederholt – er hat mich mehrere Male darum gebeten. Ich gab ihm zu bedenken, daß es nach all den Schändlichkeiten, die er hatte ertragen müssen, nicht ratsam sei, den Arzt zu wechseln, solange ihn dieser nicht falsch behandelte.»

Ich dankte ihm.

12

Die Abendsprechstunde war beendet, Miss Tankerton würde bei uns zu Hause sein. Es wäre mir lieber gewesen, Dracula zu Gast zu haben – selbst wenn er an Anämie litte. Dann erinnerte ich mich, daß sie bald zu einem Vortrag aufbrechen würde. Ich konnte also ganz leicht ein Zusammentreffen mit ihr vermeiden, wenn ich kurz im Blue Boar haltmachte.

Es war heiß, das Wartezimmer leer. Während ich mir meine Pint Ale genehmigte, fragte mich die hübsche Belinda, ungefähr fünfunddreißig Jahre alt, die an der Theke bediente und bei allen beliebt war: «Was halten Sie von den Leihmüttern?»

Nachdenklich verschränkte ich die Arme.

«Mir kommt vor», erklärte Belinda, «als wären sie auch nur so eine Modeerscheinung wie Aerobic und die Hollywood-Diät.»

Ich sagte verständnisvoll: «Ich glaube, Sie haben recht. Daß plötzlich alle darüber reden, macht die Sache auch nicht bedeutender.»

«Aber es ist doch Geld damit zu machen, oder?» fragte sie.

Ich antwortete: «Gegenwärtig beträgt der Satz sechstausendfünfhundert Pfund, obwohl ich keine Ahnung habe, wie man auf diese Summe kommt.»

«Geteilt durch zwölf Monate, dann durch vier...» Sie rechnete. «Hm, das macht einhundertachtzig Pfund in der Woche. Als Gesellschaftsdame bekomme ich das nie.»

Sie gab mir das Wechselgeld und fügte nachdenklich hinzu: «Also, ich würde nicht nein sagen, nur für so ein kleines Techtelmechtel mit einem Typen, selbst wenn er wie Kojak mit Toupet aussieht.»

Ich stimmte ihr zu: «Fanny Hill hätte nicht einmal in ihrer Blütezeit so viel Geld verlangen können. Aber leider geht es bei diesem Geburtshilfe-Trio nicht so zu.»

Sie sah mich verdutzt an. «Wie denn?»

«Wir verwenden eine Spritze», erklärte ich.

Sie warf mir einen koketten Blick zu. «Wenn Sie das machen, hätte ich nichts dagegen.»

Ich sagte schnell: «Nein, es gibt Ärzte, die darauf spezialisiert sind, so wie die Spezialisten für Herztransplantationen. Obwohl es, glaube ich, eine Do-it-yourself-Packung zu kaufen gibt, die sparen hilft. Wahrscheinlich ist sie bei Boot's oder vielleicht auch bei Halford's erhältlich.»

«Sie möchten die Chips mit Käse-Zwiebel-Geschmack, nicht wahr?»

«Ja, bitte.»

Sie sah mich forschend an mit ihren grünen Augen. «Sie meinen, der Kerl tut sein Etwas in eine Spritze, steckt sie in sein Toilettentäschchen und kommt dann damit her?»

Ich nickte. «So ungefähr.»

Sie rümpfte die Nase. «Ein bißchen übertrieben, oder? Ich meine, es ist wie Weintrauben schälen. Was ist denn gegen den direkten Weg einzuwenden?»

Ich knabberte einen Chip. «Es scheint, rein gefühlsmäßig,

doch einen Unterschied zu machen, wenn die Liebe aus der Spritze kommt.»

«Bekomme ich dann nicht auf einmal Fünflinge oder gleich eine ganze Fußballmannschaft?» fragte sie, während sie einen Aschenbecher reinigte.

«Nein, das ist etwas anderes, das berühmte Retortenbaby: da werden gleich mehrere Eier auf einmal in den Uterus der Mutter eingesetzt.»

«Warum?»

«Um sicher zu sein, daß die Eizelle auch befruchtet wird. Es ist wie das Aussäen von Kürbiskernen.»

Nachdenklich ordnete sie die Gläseruntersetzer. «Kennen Sie Brian, meinen Mann?»

Ich nickte. Er war ein schlanker, fröhlicher Typ mit buschigem Schnurrbart, der immer mit Comic-Figuren bedruckte T-Shirts trug und mit ebensolchen Figuren tätowiert war. Belinda hatte ihn schon zu den verschiedensten Arbeiten angehalten, aber er fand es erholsamer, arbeitslos zu sein. Er war ein zufriedener Faulpelz, ein beneidenswerter Mensch.

«Und unseren Kevin?» setzte sie hinzu.

Ich nickte wieder. Er war ein intelligenter, aufgeweckter vierzehnjähriger Junge.

Belindas Gesicht leuchtete auf. «Kevin macht sich sehr gut auf der Schule. Ich mußte beim Klassenlehrer vorsprechen. Sie möchten, daß er später studiert. Noch ein Bier?»

«Nein, danke, ich muß mich auf den Weg machen.»

«Aber fürs Studium braucht man Geld.»

Er kann ein Stipendium bekommen», machte ich sie aufmerksam.

«Das hat mir der Klassenlehrer auch gesagt. Aber das wird nicht reichen. Wenn man während der Ausbildung ständig knapp bei Kasse ist, dann ist das so, als würde es die ganzen Ferien regnen, finde ich jedenfalls. Und ich verdiene nicht gerade ein Vermögen damit, daß ich hier jeden Abend Bier zapfe. Das wissen Sie doch.»

Sie fegte meine zerknüllte Chipstüte von der Theke. «Ich hätte nichts dagegen, mich gegen Bezahlung als Leihmutter zur Verfügung zu stellen. Könnten Sie mir da nicht weiterhelfen, Doktor?»

Dieser interessante Vorschlag wurde durch die Ankunft mehrerer Stammgäste unterbrochen, die das Übliche bestellten.

«Du hast Hortense verpaßt», sagte Sandra, als ich nach Hause kam.

«Wie schade!» bemerkte ich.

Ich setzte mich und trank in Ruhe einen Glenfiddich. Ich überlegte, wie angenehm doch das Leben im allgemeinen war, ohne die Gesellschaft von Miss Hortense Tankerton.

Träge griff ich nach *Right Ho, Jeeves* von P. G. Wodehouse und las die Stelle, wo der Abstinenzler nach ein paar Gläsern Orangensaft, die von Bertie Wooster absichtlich mit Gin versetzt worden waren, sternhagelvoll ins Gymnasium von Market Snodsbury kommt. Meine Gedanken wanderten von dem sonnigen Wodehouse zu Jeff Flintirons traurigem Dasein. Seit vierzig Jahren war er mein Patient. Er hatte keine Familie und anscheinend auch keine Freunde. Ich könnte meine Eigenschaft als netter Kerl wirklich unter Beweis stellen, dachte ich, wenn ich ihn jeden Tag besuchte, um ihn aufzumuntern. Ich hätte das gleiche getan, wäre Prometheus mein Patient gewesen.

«Und, wie fühlen Sie sich heute?» fragte ich fröhlich, als ich am nächsten Tag auf dem Weg von der Praxis nach Hause bei ihm vorbeischaute.

«Wie ein ausgestopfter Dingo, der von den Motten zerfressen wird», antwortete er verdrießlich.

Während ich ihn bedauerte, fuhr er fort: «Nicht, daß ich Schmerzen hätte. Wenn ich so nachdenke, fühle ich mich eigentlich ganz munter, seit ich hier bin. Ich glaube, die Ruhe tut mir ganz gut. Aber sie stoßen einen immer mit der Nase auf den Grabstein, darüber besteht kein Zweifel. Sie wollen ständig von mir, daß ich in Würde sterbe. Ich, Jeff Flintiron, der noch nie in seinem Leben etwas Würdevolles getan hat. Wenn ich je geheiratet hätte, dann hätte ich Riemensandalen dazu angezogen und eine Nelke ans Sweatshirt geheftet. Wenn ich also abkratze, werde ich mir bei all der Würde verdammt komisch vorkommen. So wie die Königin, die den Zuschauern zuwinkt, während ihr jemand den Teppich unter den Schuhen wegzieht.»

Ich meinte taktvoll, wenn die Zeit komme, müsse er sich so frei fühlen, genau das zu tun, wonach ihm gerade sei.

«Und noch was, Doc.»

Jeff faltete die Hände über der Brust. «Ich möchte nicht auf dem Friedhof hier begraben werden», sagte er fest. «Ganz bestimmt nicht. Ich hab schon ein paar Bekannte auf ihrem letzten Weg begleitet, das ist die reinste Massenabfertigung; ein McDonald's, wo's Menschenburger gibt.» Nachdenklich fuhr er fort: «Und dabei ist es der einzige Service, der *nicht* schnell sein sollte. Ich möchte, daß die Leute genug Zeit haben, um darüber nachzudenken, daß ich eigentlich doch nicht so ein mieser alter Bursche war. Es werden zwar nicht viele kommen, ich kann schließlich kein volles Haus erwarten, da doch alle meine Verwandten unten in Australien sind. Darum möchte ich auch, daß ich dorthin zurückgebracht werde, wo ich herkomme. Nach Woollabillabong, das liegt etwas außerhalb von Sidney. Können Sie das für mich machen?»

Bereitwillig stimmte ich zu, ihm diesen letzten Wunsch zu erfüllen.

«Sie müssen sich aber beeilen», fügte er mißmutig hinzu. «Mrs. Watkins hat schon angefangen, mir die Kurzgeschichten vorzulesen.»

Am frühen Abend rief das Bestattungsinstitut in der High Street an. Da von den Patienten eines praktischen Arztes durchschnittlich zehn im Jahr zu Hause sterben, hatte ich schon gute Bekanntschaft mit Mr. Aitcheson geschlossen, dem Chef des Instituts, der mich immer mit dem Ausdruck eifriger, ehrerbietiger Hilfsbereitschaft empfing. Ich glaube, ein erstklassiger Hehler verhält sich ähnlich, wenn er seinen Lieferanten entgegentritt.

Mr. Aitcheson war ein großer, schlanker Mann mit hellen Augen und Koteletten, die so solide und dekorativ aussahen wie zwei Sarggriffe. Er saß in seinem Büro, inmitten von auf

Hochglanz polierten, mit Leder bezogenen Mahagonimöbeln und Blumenschalen aus geschliffenem Glas mit weißen Rosen drin. Sogleich führte er mich in ein kleines Zimmer. An den Wänden hingen Bilder, auf denen die feierlichen Begräbnisse früherer Zeiten dargestellt waren, als bedeutende Kunden noch von schwarzen Pferden, die an Zahl ausgereicht hätten, um die Artillerie nach Mafeking zu transportieren, zur letzten Ruhe gezogen wurden.

«Kein Problem», antwortete er lässig, als ich ihm Jeffs Wünsche darlegte. «Jedes Beerdigungsinstitut macht das. Eine Tasse Tee, Herr Doktor? O ja, jedes Jahr sterben im Urlaub ein paar tausend Menschen», klärte er mich auf. «Das ist fast schon zu erwarten, nicht wahr, Herr Doktor? Ich meine, wenn die Leute plötzlich tauchen gehen und Ski laufen, ganz zu schweigen von all dem Pernod und Ouzo.» Er grinste. «Im August sind die Laderäume der Chartermaschinen manchmal zum Bersten voll mit derlei Frachtgut. Danke, meine Liebe», sagte er zu dem hübschen blonden Mädchen im schwarzen Kleid, das Tee und eine Biskuitrolle brachte.

Ich fragte, was es mit dem Wunsch, in die Heimat zurückgebracht zu werden, auf sich habe.

«Wie Sie sich vielleicht denken können, Herr Doktor, widerstrebt es dem Sinn für Recht und Anstand der Familie des Verstorbenen, ihn an der Costa del irgendwas zurückzulassen. Ich meine, im Urlaub will man sich doch amüsieren, oder? Aber wir werden damit fertig. Heutzutage ereignen sich viele aufregende Dinge in der Bestattungsbranche», informierte er mich. «Seltsam, aber es sind die Polen, die uns im Transport von Verstorbenen um Längen voraus sind. Haben Sie schon mal etwas von *Bongo* gehört?»

Ich runzelte die Stirn. «Eine Show im West End?»

«*Bongo* ist im Polnischen die Abkürzung für das Amt zur Erhaltung ausländischer Gräber», erzählte er weiter. «Es untersteht der Regierung. Wie Sie wahrscheinlich wissen, sind viele Polen im Lauf der Jahre aus verschiedenen Gründen ins Ausland gegangen. Bevor sie sterben, hinterlassen sie die Anweisung, sie nach ihrem Tod in die alte Heimat zu überführen.

Sie sind wunderbar patriotisch, die Polen. Ich glaube allerdings nicht, daß sie heutzutage nach Polen zurückkehren würden, wenn sie dort leben müßten. Daher ist dies die bequemste Art, ihre Heimatverbundenheit auszudrücken. *Bongo* fliegt jährlich fünfhundert über den Eisernen Vorhang, sie verdienen damit ein Vermögen an Dollar.»

Ich verlieh meiner Verwunderung darüber Ausdruck, daß kapitalistische Prinzipien so mühelos auf die Ex-Ex-Polen angewandt werden konnten.

«Wissen Sie, es ist in keiner Währung billig, Verstorbene in ihre Heimat zurückzubringen», versicherte er mir. «Allein das Ausfüllen der Formulare dauert eine Woche. Jedes Land hat andere Bestimmungen. Nehmen wir zum Beispiel Spanien. Ich frage Sie, ist es nicht schon kompliziert genug, dort einen Autounfall zu haben? Und dann erst die Exportgenehmigungen!»

Würde ich Doktor Quaggy den Gefallen tun und mich in die Algarve zurückziehen, überlegte ich, dann käme ich schließlich als bürokratisches Pendant zu einem Faß Portwein nach Hause zurück.

«Es kostet alles viel Zeit», erklärte er gequält. «Der Verstorbene muß eine Stunde vor den übrigen Passagieren an Bord gebracht werden, denn viele Leute sind ja an sich schon nervös, wenn sie ein Flugzeug besteigen. Und man muß den Toten einbalsamieren, sonst geben ihm die Gepäckträger für ein kleines Schmiergeld gleich den Rest, wie?»

Ich machte Mr. Aitcheson den Vorschlag, Jeff im St.-Ethelnoth-Hospiz zu besuchen, um die organisatorischen Fragen für den Ernstfall zu regeln. Er versprach, Jeff am Nachmittag des nächsten Tages zwischen zwei Beerdigungen aufzusuchen.

Ich verabschiedete mich und dachte eingehend über einen Satz C. P. Snows nach: «Dieser Körper ist nicht, kann nicht alles sein, was ich bin – das ist der Schrei der Menschen.»

Leider – ich bin da traurigerweise derselben Meinung wie die meisten Ärzte – ist er es doch.

Vielleicht sind wir zu sehr mit unserer Arbeit verwachsen.

13

Am nächsten Morgen kam mir Mrs. Huntington-Hartley in der mit Lupinen geschmückten Eingangshalle des St.-Ethelnoth-Hospizes entgegen.

«Doktor Gordon», begrüßte sie mich scharf, «ich wäre Ihnen sehr verbunden, wenn Sie dafür sorgten, daß die Leichenbestatter nicht durch die Vordertür hereinkommen.»

Nervös fragte ich mich, ob sie wohl den Lieferanteneingang benutzen sollten.

«Sie passen nicht zu unserer Auffassung vom Tod.»

Ich entschuldigte mich, bemerkte jedoch, daß eine solche Begegnung einen doch nicht mehr aus der Fassung bringen könnte als diejenige mit einem Chirurgen, der eine schwierige Operation an einem durchführen soll.

«Außerdem», informierte sie mich pikiert, «ist Mr. Flintiron nicht gerade ein leichter Fall. Er paßt überhaupt nicht in unser Haus, geschweige denn, daß er den Geist, der hier herrscht, zu schätzen wüßte.»

Ich fragte schuldbewußt, was er denn treibe.

«Da sehen Sie am besten selbst nach.» Sie schloß die Tür ihres Büros. «Was Mrs. Watkins betrifft, so kann ich nur sagen: Ich bin erstaunt.»

Jeff saß eben auf der Bettkante und zog sich eine karierte Hose an. Mrs. Watkins stand, das Buch *Blandings Castle* krampfhaft umklammernd, mit gespitzten Lippen neben ihm und sah noch rosiger aus als sonst.

Ich fragte Jeff munter, wie es ihm gehe.

«Wie einem gebratenen Kakadu auf einem Ausflug der Heilsarmee», antwortete er schlecht gelaunt.

«Wissen Sie, wieviel dieser Bestattungsmensch verlangt hat?» fragte er aufgebracht. «Nur, damit ich in Heimaterde begraben werden kann? Doppelt soviel wie für einen Flug erster Klasse, und dabei gibt's noch nicht mal gratis Sekt. Deshalb sagte ich: ‹Sehen Sie mal, alter Knabe, warum setzen Sie meine sterblichen Überreste nicht in einen Rollstuhl, wickeln sie in eine warme karierte Wolldecke, legen eine Reisetasche und ein paar Zeitschriften dazu und geben das Ganze als einen Behinderten aus, der in der Seeluft von Bondi Gesundheit und neue Kraft schöpfen will?› Aber dieser Leichenbeförderer quatschte einfach weiter über die Kosten für den vorgeschriebenen, hermetisch verschlossenen, mit Zinn verkleideten Sarg, den man nicht gebraucht kaufen kann, von den Kosten für die Unterbringung bei nächtlichen Zwischenlandungen und für die Reisegepäckversicherung. Deshalb habe ich mein Ticket bei Vampir Airlines storniert. Gib mir das rosa Hemd rüber, Liebes», forderte er Mrs. Watkins auf, während er die Pyjamajacke auszog. «Ich vermache das Geld lieber Mrs. Watkins», sagte er. «Sie sagt, daß ich sie langsam an ihren Ehemann erinnere.»

«Ich weiß nicht, ob Mrs. Huntington-Hartley so ganz damit einverstanden sein wird», flötete Mrs. Watkins ängstlich.

«Warum sollte sie dir Schwierigkeiten machen?» fragte er verärgert. «Genieße das Leben! Warum fliegen wir nicht beide zweiter Klasse nach Australien, und ich sterbe dann dort? Das wäre billiger, als allein in einem Holzsarg zu reisen.»

Sie rief aus: «Ich wollte schon immer Männer sehen, von deren Hüten Korken baumeln. Und natürlich das Opernhaus in Sydney, obwohl Mrs. Huntington-Hartley das Ganze höchst ungewöhnlich fände.»

«Warum?» Jeff zog den Reißverschluß zu.

«Weil hier noch nie jemand rausgekommen ist», erklärte sie, «lebend, meine ich.»

«Komm, Sheila, wir machen einen kleinen Spaziergang», erklärte er und band sich die Krawatte. «Heut nachmittag könnte ich Bäume ausreißen! Wenn ich nicht hier wäre, würde ich keinen Augenblick daran denken, daß ich demnächst sterbe. Wir werden die Quantas Airlines anrufen. Und vielleicht kriegen wir irgendwo ein kaltes Bier, was?»

«Oh, Jeff!» Sie klatschte in die Hände. «Du bist so vital.»

Ich mußte mich verabschieden. Sandra hatte mir gedroht, daß sie mich verlassen würde und ich meine Hemden selbst bügeln müßte, wenn ich nicht pünktlich zum Abendessen mit Miss Tankerton nach Hause käme.

«Ich möchte mit dir ein ernstes Wort über die Gebärmutter

reden», sagte Miss Tankerton verheißungsvoll, eine Stunde später, als wir bei Tisch saßen.

«Fein», antwortete ich.

«Dieses geheimnisvolle Organ!» fuhr sie begeistert fort. «Sie ist wie die Avocados geformt, die wir gerade essen. Weißt du, daß sie Ärzte, Theologen, Rechtsanwälte, Politiker, ja selbst die zufriedensten Staatsmänner geradezu erschreckt? Warum wohl?»

«Du wirst es mir sagen», meinte ich.

Sie lehnte sich über den Tisch und verkündete: «Weil sie das Kernstück der Weiblichkeit ist.»

Miss Tankerton war dick, trug eine Brille mit runden Gläsern und war so weiblich wie ein japanischer Sumo-Ringer.

«Ein sehr schöner Gedanke», stimmte Sandra zu.

«Ich hab die Gebärmutter immer als die Goldgrube der Frauenärzte angesehen.»

«Typisch männliche chauvinistische Medizin!» entgegnete Miss Tankerton verächtlich und verspritzte ihre *vinaigrette*.

Sandras Blick gab zu erkennen, daß sie wußte, warum ich vor dem Essen ein paarmal in die Küche geschlichen war, nämlich, um mir aus der Flasche, die ich heimlich im Tellerschrank versteckt hatte, einen Glenfiddich zu genehmigen. Sie hatte mich gewarnt, mich nicht so zu benehmen wie bei dem Besuch ihres Bruders George letzte Weihnachten.

«Die Männer wissen über die Gebärmutter genausowenig Bescheid wie über Geburtsstellungen, lesbische Mutterschaft, Frauen gegen die Atombombe und Vollwertkost.»

«Sicherlich nicht», stimmte ich ihr zu.

«Künstliche Befruchtung!» rief sie aus. «Ja, danke, ich nehme noch einen Schluck von dem Chablis. Wie entsetzlich unästhetisch es ist, die Gebärmutter so zu befruchten, als drücke man Zahnpasta aus der Tube. Der Augenblick der Empfängnis sollte ein Augenblick der Ekstase sein.»

«Eine weitverbreitete Ansicht», pflichtete ich ihr bei.

«Die göttliche weibliche Funktion der Gebärmutter besteht darin, die Frucht menschlicher Leidenschaft zu nähren», sagte sie, während sie energisch ihre Avocado ausschabte.

«Leihmütter! Seine Gebärmutter auf dem freien Markt zu verhökern, das ist ein Schlag ins Gesicht der Weiblichkeit! Oh, Nierenpudding! Sandra, wie lieb von dir!»

Ich fragte mich, wann ich wohl einen Ausflug in Richtung Blue Boar wagen konnte, um frische Nachtluft zu schnappen.

«Gebärmütter aller Länder vereinigt euch!» erklärte Miss Tankerton. «Die Schwesternschaft des Mutterleibes ist weltweit und umfassender als die römisch-katholische Kirche und der Kommunismus zusammen. Vernünftiger organisiert, wäre sie ein überwältigender Machtfaktor in den Geschicken dieser Erde. Stell dir das doch nur einmal vor, Richard! Eine von Frauen regierte Welt an Stelle dieses widerwärtigen Männerparadieses. Keine Kriege mehr, keine Terroristen, keine Verbrecher, alle in zärtlicher Liebe vereint», erklärte sie. Ihre Augen strahlten. «Sandra, der Pudding ist einfach köstlich! Obwohl ich gar nicht an die vielen Kalorien denken darf.»

Ich fragte mich, ob sie vielleicht geistesgestört war. Aber die Menschen sind immer am dümmsten, wenn sie versuchen, besonders gescheit zu sein.

«Was hältst du von den Schwulen, Richard?»

«Viele von ihnen sind gar nicht schwul», antwortete ich sanft. «Sie versuchen nur, auf sich aufmerksam zu machen, wie ungezogene Kinder. Die übrigen sind nur emotionell unreif. Der biologische Drang kann noch so stark sein, aber man braucht doch ein gewisses Maß an Weltgewandtheit, um vor einer fremden Frau die Hose runterzulassen.»

Sie sah mich schockiert an. «Die Ärzte leben immer noch im vorigen Jahrhundert.»

«Oh, es gibt einen Verband homosexueller Ärzte, weißt du», informierte ich sie. «Sie kennen sich gut aus, was Aids betrifft. Ich glaube, letzten Sommer hatte ich einen von ihnen als Urlaubsvertretung. Er gab sich ungeheure Mühe, seine Neigung zu verbergen, und ich strengte mich ebenso sehr dabei an, so zu tun, als merkte ich es nicht. Viel wertvolle Zeit wurde dabei verschwendet.»

«Noch ein Glas? Ja, danke. Die Macht der Gebärmutter,

Richard. Eine Macht, eine, die mehr Furcht erregen könnte als die Atombombe.»

Sandra seufzte: «Solche Dinge bekomme ich zu Hause nie zu hören.»

Mir kam der Gedanke, daß Belinda im Blue Boar natürlichere Ansichten über die Gebärmutter hatte als Miss Tankerton, wahrscheinlich auch natürlichere als das gesamte Warnock-Komitee. Wenn jemand seine Gebärmutter verleihen wollte, warum nicht? Es war praktisch wie eine Adoption mit Vorkaufsrecht.

Während sich Sandra weiterhin von Miss Tankertons Sprüchen berieseln ließ, fragte ich mich, ob ich es wagen konnte, als der ehrliche Baby-Makler zwischen Belinda und den Cluffs zu fungieren. Der junge Kevin war doch so intelligent, Belindas Mann dagegen nicht gerade eine Leuchte – da mußten Belindas Gene eigentlich leicht absetzbare Ware sein. Sollte ich das zweite Verbrechen innerhalb von drei Monaten begehen? Die finanzielle Seite der Angelegenheit könnte wirklich in aller Diskretion geregelt werden.

Am nächsten Morgen, nach dem Frühstück, winkte ich Miss Tankerton zum Abschied begeistert nach.

«Kein Golf?» fragte Sandra. «Heute ist doch Samstag.»

«Ich muß für Jim Whynn diesen Bericht über Leihmütter schreiben.»

«Hortense wäre dir dabei eine große Hilfe gewesen», meinte sie vorwurfsvoll. «Wir hätten sie dazu überreden sollen, übers Wochenende zu bleiben.»

Ich hatte einen Ordner mit Zeitungsausschnitten, Artikeln aus der Ärztezeitung und dem *Lancet*, mit denen mich mein junger Freund, Doktor Lonelyhearts, versorgt hatte. Er verdiente auf bequemere Art mehr Geld als die meisten anderen Ärzte, indem er seine Praxis auf dem Papier führte. Er war unser medizinischer Korrespondent, und seine brillanten Sätze erfüllten die eher besinnlichen Blätter mit dem Licht klinischer Gelehrsamkeit. In der Kolumne *Fragen Sie Ihren Hausarzt* schrieb er in Frauenzeitschriften mit der milden Autorität eines weltklugen Liebhabers, der den Wein auswählt, über so unangenehme menschliche Probleme wie *Merken die anderen, daß meine Füße riechen?* oder *Ist es ungesund, daß mein Mann unersättlich ist?* oder *Kann man schwanger werden, wenn man mit Männern zusammen badet?* In jeder Buchhandlung waren seine fröhlichen Taschenbücher mit Ratschlägen über Sex und Abmagerungskuren ausgestellt, die, wie er zugab, aufgrund ihrer allgemeinen Wirkungslosigkeit durchaus austauschbar waren.

Ich rackerte mich ab und dachte dabei an all die anderen, die jetzt auf Englands grünem Rasen Golf spielten. Als ich fertig war, schlug die Standuhr zwei Uhr Montag früh, und ich ging zu Bett. Um sechs klingelte das Telefon. Es war Jack Windrush.

«Richard, ich bin gerade aus dem Urlaub zurückgekommen.»

Er war offenbar außer sich.

«War es schön?» murmelte ich schläfrig.

«Eine Katastrophe hat sich ereignet!»

«Oh, bist du ausgeraubt worden?» fragte ich. «Oder hast du dein Gepäck verloren? Ist Daphne mit einem italienischen Kellner durchgebrannt?»

Ich fand, er hätte ruhig weniger ungeduldig sein können, da er doch nur das übliche schreckliche Los eines Reisenden teilte.

«Es geht um meine Urlaubsvertretung im Krankenhaus, um den, der die Pathologie betreut hat, während ich weg war. Hast du davon gehört?»

«Wovon gehört?»

Ich blinzelte schläfrig. Sandra kuschelte sich an mich.

«Letzte Nacht wurde er, eskortiert von fünf Psychiatern, in die Klapsmühle gebracht: manisch-depressiv, paranoid, schizophren, dement. Als ich ihm den Job gab, schien er nichts anderes zu sein als ein ganz normaler Irrer. Das gibt einem doch zu denken, was? Man fragt sich, wie viele von unseren Kollegen wohl als rasende Irre herumlaufen.»

Ich tröstete ihn. «Gut, daß du zurück bist, bevor er Schaden anrichten konnte.»

«Keinen Schaden angerichtet? O Gott! Ich bin die ganze Nacht aufgewesen und habe seine Befunde gelesen. Sie wurden letzten Monat an alle unsere Ärzte und Chirurgen verschickt. Alles falsch, alle mikroskopischen Untersuchungen, kompletter Blödsinn. Dieser Mann hat die ganze Arbeit des Krankenhauses ruiniert. Dein Mr. Flintiron, zum Beispiel...»

Ich fragte atemlos: «Ist alles in Ordnung mit ihm?»

«Ihm fehlt überhaupt nichts. Es war überhaupt kein Krebs. Die Probe sieht unter dem Mikroskop stinknormal aus. Alles deutet auf ein langes Leben hin, das er in aller Gemütsruhe verbringen kann – mit der zusätzlichen Annehmlichkeit des Schmerzensgeldes, das er von uns fordern wird. Könntest du versuchen, ihn zu erreichen?»

«Kein Problem. Er ist ins St.-Ethelnoth-Hospiz gegangen, um zu sterben.»

«Nun, es heißt ja, daß es dort sehr gemütlich ist», sagte Jack und legte auf.

Ich sprang aus dem Bett und zog mich so hastig an wie an jenem Morgen, als die Zeitungen über Jim berichtet hatten. Ich raste zum Ethelnoth-Hospiz, hoffte aber, daß der Vogel schon nach Australien geflogen war. Mrs. Huntington-Hartley könnte das alles in die falsche Kehle bekommen.

Jeff saß aufrecht im Bett und aß weiche Eier, während Mrs. Watkins ihm aus P. G. Wodehouse vorlas.

Ich überbrachte die freudige Nachricht.

Schweigen.

Dann schrie Mrs. Watkins auf, wurde noch rosiger im Gesicht und schleuderte Wodehouse hoch in die Luft.

Jeff sagte ruhig: «Seltsam, Doktor, ich hatte die ganze Zeit das Gefühl, daß ich nicht abkratzen würde. Aber es schien mir ein Gebot der Höflichkeit, mich mit jedem Tag schlechter zu fühlen, einfach, um das Personal aufzuheitern. Ich meine, es sind doch nette Leute, und man muß ihnen zeigen, daß sie eine Arbeit verrichten, die der Mühe wert ist, nicht wahr?»

«Jeffrey!» Mrs. Watkins umarmte ihn.

«Paß auf, Liebste! Du erdrückst mich ja! Doktor, ich möchte Ihnen meine Frau vorstellen, das heißt meine zukünftige natürlich.»

Ich gratulierte dem doppelt glücklichen Paar.

«Wir haben zwei Tickets bei Quantas gekauft, eins einfach, eins hin und zurück», erklärte er. «Wir können sie genauso gut auch verwenden, was, Liebes? Wenn man sich vierundzwanzig Stunden am Tag, eine Woche lang, auf seine Reise in den Himmel vorbereitet hat», sagte er zu mir, «ist man bereit, sich mit dem Nächstbesten zufriedenzugeben. Und das ist ein Leben inmitten von Gladiolen und Opossums und Gummibäumen, was mir jeder ehrliche Australier bestätigen wird. Komm, Sheila!»

Er schwang sich aus dem Bett.

«Laß uns aus Gottes Wartezimmer verschwinden», sagte er entschlossen. «Nie freut sich ein Mensch mehr des Lebens, als wenn man ihm ein Stück davon, auf dem Silbertablett serviert, zurückgibt. Es ist, als bekäme man ein gutes Steak, nachdem man in eine Zelle gesteckt und zum Hungertod verurteilt worden war. Wer bringt es Mrs. Huntington-Hartley bei?»

«Der Doktor», sagte Mrs. Watkins.

Mrs. Huntington-Hartley nahm den vorzeitigen Abgang ihres Gastes gnädig auf.

«Aber wie geht es *Ihnen*, Doktor?» fragte sie.

«Ausgezeichnet. So ein schöner Morgen!»

Sie warf mir einen stahlharten Blick zu. «Sie sehen ausgesprochen spitz aus. Sind Sie sicher, daß Ihnen nichts fehlt?»

Ich wurde von Furcht gepackt. Mrs. Huntington-Hartley maß mich mit dem Blick einer erfahrenen Walküre.

«Ich kann mich natürlich auch geirrt haben», fuhr sie mit Besorgnis in der Stimme, aber energisch fort. «Falls dem aber nicht so sein sollte, dann erinnern Sie sich bitte daran, daß Sie hier immer auf das herzlichste willkommen sind. Guten Morgen!»

Während ich das Hospiz verließ, dachte ich darüber nach, daß Mrs. Huntington-Hartley und all die anderen sich aufopfernden Menschen in den Heimen wunderbar selbstlose Arbeit leisten und verzweifelte Angehörige schonen, indem sie ihnen das psychische und manchmal auch physische Chaos ersparen. Obwohl ich es vorzöge, keine Pauschalreise in den Himmel zu buchen. Wenn meine Zeit gekommen ist, werde ich mir eine Kiste Glenfiddich kaufen und mich im Klo einschließen.

Vierzehn Tage später sah ich die Cluffs wieder. Sie hatten es auf natürlichem Wege geschafft.

Ich gratulierte ihnen.

«Allein der Gedanke», verkündete Mrs. Cluff zitternd, «daß mein Mann eine unbekannte Frau befruchtet, genügte, um mein Dingsbums anzuregen.»

Ich gab ihr recht. Der Mechanismus der menschlichen Fruchtbarkeit ist so heikel wie eine Fabergé-Uhr. Gott allein weiß, wodurch sie beeinflußt wird. Vielleicht hat der Mond doch seinen Platz in den Liebesliedern verdient.

Nach der Abendsprechstunde machte ich einen Sprung in den Blue Boar. Es goß in Strömen, und das Gastzimmer war leer. Ich war erleichtert, daß sich mein moralisches Problem in Luft aufgelöst hatte. Es wäre sowieso schwierig gewesen, es auf taktvolle Weise zu lösen; ich hätte wie ein Häusermakler vorgehen müssen, der zwei Ehepaare dazu bringen soll, sich dieselbe Ferienvilla an der Costa del Sol zu teilen.

Belinda begrüßte mich mit den Worten: «Erinnern Sie sich noch daran, daß wir uns über Leihmütter unterhalten haben? Sie trinken das Bier am liebsten im Krug, nicht wahr?»

«Ja, bitte.»

«Nun, mir ist etwas Besseres eingefallen. Ich habe meinem Brian die Leviten gelesen. Er könnte ganz leicht Arbeit finden. Jeder mag ihn. Die Brauerei hat ihn als Auflader angestellt, und diesmal hat er mir hoch und heilig versprochen, dabeizubleiben. Er verdient zwar kein Vermögen, aber zusammen mit dem bißchen, was ich heimbringe, wird unser kleiner Kevin seinen Weg schon machen. Vielleicht wird er Arzt?»

Ich wünschte ihr alles Gute.

«Er hat schon viel von einem Arzt an sich. Er sagt den Leuten andauernd, was das Beste für sie ist.»

«Ich muß beide Eltern zu einem so intelligenten Sohn beglückwünschen.»

«Heute habe ich keine Chips mit Käse-Zwiebel-Geschmack. Dürfen sie statt dessen nach Krabbencocktail schmecken?»

«Ja, danke.»

Mit einem Mona-Lisa-Lächeln reichte sie mir das Päckchen über den Tresen.

«Ganz unter uns, Doktor: Vor fünfzehn Jahren hab ich Leihmutter gespielt.»

Dieses fesselnde Gespräch wurde durch die Ankunft einer Gruppe von Stammgästen unterbrochen, die das Übliche bestellten.

14

Am nächsten Morgen, es war ein wunderschöner Tag, fuhr ich von der Foxglove Lane zum Chaucer Way und dachte darüber nach, warum die Menschen und das, was sie taten, seit 1662 so furchtbar kompliziert geworden waren.

Das Gebetbuch war damals in einfache Kategorien unterteilt: die Lebenden und die Toten. Diese Kategorien wurden dann unangenehmerweise auf die Ungeborenen und die Sterbenden erweitert, die im vergangenen Monat meine moralischen Muskeln strapaziert hatten. Die Behinderten, die Kriegsversehrten, die Mittellosen, die Alterskranken, die Organempfänger, die im Koma Liegenden waren ebenfalls Gruppen, die Mitgfühl und moralische Verantwortung verlangten.

Als ich in die Praxis kam, stieß ich auf eine weitere Kategorie: die Überlebenden.

«Es geht um Mrs. Rosie Styles aus den Inkerman Villas», begrüßte mich Mrs. Jenkins. «Die Gemeindeschwester möchte, daß Sie vorbeikommen. Die alte Dame ist auch nicht mehr die Jüngste.»

Nachdem ich meine Morgenpatienten abgefertigt hatte, fuhr ich hinüber in die sanft gewundene Straße mit den terrassenförmig angelegten viktorianischen Häusern jenseits der Bahnlinie.

Mrs. Rosie Styles war eine weißhaarige, runzelige und verhutzelte alte Dame mit knotigen Gichthänden. Sie trug ein schäbiges bedrucktes Kleid und saß in ihrem roten Plüschsessel, die Hände um einen dicken Stock geklammert, umgeben von schweren, auf Hochglanz polierten Möbeln, einem Kaminsims, auf dem eine rote Fransendecke lag, gerahmten Mustertüchern und einer Aspidistra.

Ich untersuchte ihre Finger und sagte – ganz der fröhliche Doktor –: «Na, Sie müssen ja auf die Neunzig zugehen?»

Sie starrte mich empört an.

«Samstag in einer Woche», kreischte sie, «werde ich hundert!»

«Das sieht man Ihnen nicht an», fügte ich schnell hinzu. «Wirklich nicht. Sie werden ein Telegramm von der Königin bekommen, das ist doch was Schönes. Sie denkt bestimmt schon dran.»

«Das macht der Löwenzahn», brüllte sie. Wie viele Träger von Hörgeräten des Gesundheitsdienstes hatte sie das Gefühl, daß alle anderen taub waren.

Ich sagte: «Tatsächlich?»

Sie nickte heftig. «Löwenzahn.»

Eine Allergie? Ich sah mich in dem ordentlichen Zimmer um. Ich fand nur ein Bündel getrocknetes Heidekraut und eine Vase mit Pampagras.

Sie erklärte: «Löwenzahn garantiert ein langes Leben. Das hat mir mein Vater gesagt, als er aus dem schrecklichen Krieg zurückkam.»

«Oh, ich verstehe», bemerkte ich weise. «Es muß ziemlich schwierig gewesen sein, in den Schützengräben Frankreichs Löwenzahn zu bekommen.»

Sie sah mich verächtlich an. «Sagten Sie Frankreich? Frankreich? Ich verstehe euch jungen Leute heutzutage einfach nicht. Der schreckliche Krieg war in Südafrika, das weiß doch jedes Kind.»

Ich fragte sie nach den weiteren Geheimnissen, denen sie ihr hohes Alter zuschrieb.

«Streng vegetarisch essen, viel Pflaumen, ja nicht dieses

Teufelszeug, den Alkohol, keine stinkigen Zigaretten, Enthaltsamkeit und jeden Abend um zehn ins Bett!»

Ich drückte meine Bewunderung für diese Prinzipien aus und wünschte ihr herzlich noch viele weitere Lebensjahre.

«Das will ich hoffen!» Als Mrs. Styles unerwarteterweise grinste, wurde eine Reihe falscher Zähne sichtbar. «Ich möchte doch, wie der Rest der Nation, wissen, wie es in *Dallas* weitergeht.»

Die *rarae aves*, die seltenen Vögel im Leben eines praktischen Arztes, kommen, wie die Elstern, immer paarweise.

Am nächsten Nachmittag wurde ich von dem Beamten des Gesundheitsdienstes, der für die Betreuung der Alten in unserem Ort zuständig ist, zu Mr. Harold Wooljohn nach Khartoum Crescent gerufen. Ich fuhr in eine kleine Straße hinter dem Gaswerk, die von baufälligen Reihenhäusern mit Betonfassaden gesäumt war.

Mr. Wooljohn war blaß, klein und dick und litt an Blutarmut. Er saß in seiner unaufgeräumten Zweizimmerwohnung im Erdgeschoß und trug eine Kordsamthose mit einem grellkarierten Hemd.

Um das Weiß seiner Augen zu untersuchen, zog ich das untere Lid eines seiner Augen herunter und sagte aufmunternd: «Sie müssen ja auf die Neunzig zugehen?»

Er unterbrach sich beim Anzünden einer selbstgedrehten Zigarette und warf mir einen vorsichtigen Blick zu.

«Sie wollen mich wohl auf den Arm nehmen?» fragte er heiser.

«Bei näherem Hinsehen sind Sie höchstens achtzig.»

«Wollen Sie sich Geld von mir leihen, oder was ist los?» fragte Mr. Wooljohn spöttisch. «Ich habe bei der Krönung des Königs barfuß Zeitungen verkauft.»

«Wirklich?» fragte ich interessiert. «Welcher König war das?»

«Er hatte einen Bart.» Hustend stieß er eine Rauchwolke aus und fügte bescheiden hinzu: «Freitag in einer Woche werde ich hundert.»

«Allerhand! Das sieht man Ihnen wirklich nicht an», erklärte ich nachdrücklich. «Ihnen wird die außerordentliche Ehre eines Telegramms der Königin zuteil werden.»

«Ein Küssogramm von einer flotten Biene mit Netzstrümpfen wäre mir lieber.»

«Ich bin sicher, daß sich auch das arrangieren ließe. Worauf führen Sie Ihr gesegnetes Alter zurück?»

Er zuckte die massigen Schultern.

«Auf ein natürliches Leben, glaube ich», stellte er fest. «Ich esse immer das, worauf ich Appetit habe. Es ist eine Schande, daß die Schweinsfüße nicht mehr das sind, was sie früher einmal waren, ganz zu schweigen von den Fleischpasteten – der Bratensaft war wie Sirup. Jeden Tag ein paar Bier, das spült die Nieren durch, nicht wahr?»

«Das tut es», stimmte ich zu.

Er betrachtete den zerknitterten, feuchten Zigarettenstummel.

«Diese Glimmstengel können einen ins Grab bringen», meinte er, «aber mich nicht. Und ansonsten mache ich mir keine Sorgen.»

Ich fand es unhöflich, ihm zu widersprechen, und fragte: «Sind Sie verheiratet?»

Er nickte. «Ja, oft, aber nie auf dem Papier.»

Er zog eine halbe Minute lang an seiner Zigarette. Dann wischte er sich mit dem Ärmel über die knollenartigen Augen und überlegte: «Ich glaub, regelmäßig eine Mieze zu haben, hält einen Burschen jung und bringt ihn auf keine dummen Gedanken. Was meinen Sie, Doktor?»

«Das ist die Kernaussage vieler moderner Sexhandbücher.»

«Ich mußte das allerdings vor ein paar Jahren aufgeben, weil ich nicht mehr so beweglich war.»

Ich drückte mein Bedauern aus.

«Jemand hatte mein Fahrrad geklaut», erklärte er mißmutig.

Ich gab ihm die Anweisung, zu einer Blutuntersuchung ins Krankenhaus zu fahren.

«Das mit dem Fahrrad war wirklich zu ärgerlich», spann er seine Gedanken melancholisch weiter. «Ich meine, jeder

Mann möchte noch ein bißchen Spaß haben, bevor es zu spät ist, auch nur einen Gedanken mehr daran zu verschwenden.»

Ich nickte. «Das nennt man *Torschlußpanik.*»

«Ich dachte mir, daß es das sein müßte», stimmte er zu.

Als ich zum Golfclub fuhr, überlegte ich, daß jeder von uns, trotz aller Wunder der modernen Medizin, eine innere Uhr hat – und bei einigen wenigen tickt diese Uhr aus unerklärlichen Gründen ein ganzes Jahrhundert lang. Diesen Aphorismus hatte ich in der Ärztezeitung bei Emeritus Regius, Professor der Medizin in Oxford, gelesen, dessen Uhr gewiß noch eine stattliche Zahl von Jahren zu ticken hat.

An der Clubbar traf ich Arthur Crevin, einen kleinen, dikken Mann mit rosiger Gesichtsfarbe, grauen Haaren und einem borstigen Schnurrbart. Er war der Herausgeber des *Churchford Echo.* Ich erwähnte, daß zwei meiner Patienten aus Churchford, die ich in den letzten beiden Tagen behandelt hatte, demnächst die interessante Zahl von je hundert Lebensjahren erreichen würden.

Er wurde plötzlich ganz aufgeregt und verschüttete seinen Pink Gin.

«Hier stehe ich und jammere, daß wir seit der Affäre mit dem Schuldirektor im Busdepot keine anständigen Neuigkeiten mehr gehabt haben, und Sie kommen daher und schütteln die Schlagzeilen nur so aus dem Ärmel. Gleich zwei unserer Mitbürger werden am selben Wochenende die ältesten Einwohner von Churchford? Wissen Sie, was ich tun werde? Ich werde eine nette kleine Party veranstalten, mit Sekt und Brötchen im Churchford Arms Hotel. Oh, die Story wird super. Voll Stolz werde ich die gesündeste Stadt unseres Landes präsentieren. Einmalige Publicity! Die Handelskammer läßt sicherlich ein paar tausend Pfund für die Werbung springen.»

Ich murmelte, daß es den beiden alten Leuten vielleicht lieber wäre, wenn der Tag ein Geheimnis zwischen ihnen und der Königin bliebe.

«Würden *Sie* das wollen?» fragte Arthur und zog sein Notizbuch hervor. «Man wird nur einmal hundert, wissen Sie.

Oh, sie sind Freaks, aber geehrte Freaks. Das ist unmittelbare Ahnenverehrung.»

Das *Echo* erschien zwei Tage später. Die Bilder von Rosie und Harold bedeckten die halbe Titelseite unter der Schlagzeile: *Wir sind zweihundert!* In dem Artikel, der den Rest der Seite füllte, wurde ich als der Arzt der beiden erwähnt. Ich empfand das als nützliche Werbung.

Ich kam in die Morgensprechstunde, die Zeitung stolz unter den Arm geklemmt, und fand eine nervöse Mrs. Jenkins vor.

«Heute morgen bereits zwei Telefonanrufe, Doktor», verkündete sie, «von Mr. Hosegood aus der Mons Avenue und von Mrs. Lambert vom Himalaya Drive.»

Ich runzelte die Stirn. «Aber sie sind doch gar nicht meine Patienten, oder? Was fehlt ihnen denn?»

«Stimmt, es sind nicht Ihre Patienten. Sie waren beide sehr ärgerlich. Beide sind hundertein Jahre alt und stehen nicht in der Zeitung.»

«Alle vier aus Churchford? Allerhand!» rief ich fröhlich aus. «Das muß ich sofort Arthur Crevin erzählen. Er wird sich doppelt freuen.»

Arthur freute sich überhaupt nicht, als ich ihn anrief.

«Nicht noch mehr alte Schnorrer!» stöhnte er. «Mich haben heute morgen schon vier angerufen, und ich hab noch nicht mal zu Ende gefrühstückt. Jetzt sind es schon acht, die eigentlich schon dreißig Jahre tot sein müßten. Der Sekt ist gestrichen. Jetzt gibt es Wein und Käse im Extrazimmer des Blue Boar.»

Als ich nach Hause kam, sah ich einen Porsche vor dem Tor parken. Im Wohnzimmer saß der junge Doktor Lonelyhearts und trank mit Sandra einen Glenlivet.

Doktor Lonelyhearts hieß eigentlich Doktor Aleyn Price-Brown, hatte sein Examen in Oxford gemacht und war mit Doktor Josephine vom Guy-Krankenhaus verheiratet. Sie wohnten nicht weit von der Foxglove Lane entfernt. Er war ein großer, blonder, genialer Bursche und trug eine Sporthose und ein gelbes Polohemd.

«Gibt es ein Leben nach der Geriatrie?» begrüßte er mich

munter, «Doktor Gordon sagt ja. Ich werde das in meinem nächsten Artikel unterbringen.»

«Oh, hundert Jahre alt zu werden ist zur Zeit epidemisch», klärte ich ihn auf. Ich schenkte mir einen Malzwhisky ein und erzählte von meinem Gespräch mit Arthur Crevin.

«Im ganzen Land leben ungefähr zweitausend Hundertjährige, wußtest du das nicht», bemerkte er beiläufig. «Wir unterstützen zehnmal so viele Hundertjährige wie vor dreißig Jahren.»

Sandra fragte nach dem Grund.

«Keine Ahnung! Vielleicht das Umweltschutzgesetz? Weniger Rauch, Ruß und Smog in den alternden Lungen. Vielleicht auch deshalb, weil man in Großbritannien doch noch die Zentralheizung entdeckt und die nationale Leidenschaft für unterkühlte Räume eingedämmt hat. Oder vielleicht, weil man mehr Vitamin E ist? Bei unserer Liebesgöttin Barbara Cartland wirkt das Wunder.»

«Ich glaube, es liegt am Verfall der Religion», stellte Sandra feierlich fest und schaute aus dem Fenster auf die sonnenbeschienene Kirchturmspitze von St. Alphege. «Wenn man nicht mehr an ein glückseliges Leben nach dem Tod glaubt, stirbt es sich doch sicherlich nicht mehr so leicht, als würde man bloß auf ein anderes Fernsehprogramm umschalten, wenn einen dasjenige langweilt, das man gerade sieht.»

«Es ist der Sex», erklärte Doktor Lonelyhearts entschieden. «Man lebt viel länger, wenn man bis achtzig enthaltsam lebt. Das wurde von Wissenschaftlern am Beispiel kanadischer Fruchtfliegen nachgewiesen.»

«Dann haben die Fliegen jedenfalls etwas, worauf sie sich freuen können.»

«In ihrer Sammlung der Hundertjährigen bin ich nur an Mr. Harold Wooljohn interessiert.» Doktor Lonelyhearts ließ sich noch einen Glenlivet einschenken. «Im *Echo* stand, daß er seit hundert Jahren – minus, sagen wir, zehn oder zwölf Jahre – fünfzig Zigaretten pro Tag raucht.»

Ich nickte. «Er pafft diese furchtbaren kleinen selbstgedrehten Dinger, an deren Enden teerfarbenes Kraut heraushängt und die wie Musketen aussehen, die jeden Augenblick losgehen können.»

«Großartig!» Doktor Lonelyhearts rieb sich die Hände. «Eine gute, teerhaltige, filterlose Zigarette. Ich muß ihn nächsten Monat ins Fernsehen bekommen.»

«Selbst wenn er in Pech getauchte Tauenden rauchte, würde er der Regierung in seinem Alter kaum als abschreckendes Beispiel dienen können», erläuterte ich.

Doktor Lonelyhearts sah beleidigt drein. «Hast du nichts von meinem Stadt-Marathon gehört, der am letzten Sonntag im Juli in London stattfinden soll?»

Ich schüttelte den Kopf. «Marathons fangen an, mich zu langweilen. Sie sind eine Mischung aus Hypochondrie und Hysterie. Sie sind eine Modeerscheinung wie die Geißlerbrüder im Mittelalter. Die waren ein schreckliches Ärgernis. Sie schlugen sich blutig, weil sie den Eindruck hatten, daß es ihnen unendlich guttat.» Ich schloß: «Ich habe nichts gegen Masochisten, aber ich habe etwas dagegen, wenn sie den Verkehr aufhalten.»

Doktor Lonelyhearts widersprach: «Zwanzigtausend Menschen in London und New York können nicht unrecht haben, nicht, wenn das mit einer Menge Geld verbunden ist. Man rechnet, daß der Marathon durch Manhattan fünf Millionen Dollar pro Jahr einbringt, und die TV-Einschaltquoten sind gigantisch. Man braucht nur einen neuen Anreiz zu finden. Ich habe einen: Wir veranstalten einen Raucher-Marathon.»

Sandra sagte: «Oh, du meinst einen Marathon für die Ohne-Rauch-geht's-auch-Kampagne?»

Ich erinnerte mich, daß Doktor Lonelyhearts für diese Organisation die PR-Arbeit machte, natürlich ehrenamtlich; sie war ein besseres Mittel, Leben zu retten, als ein Rettungsboot.

«Nein, ich habe die ORGA aufgegeben», antwortete er fröhlich. «Es sind achtbare, wenn auch völlig naive Leute, die, wie viele Wohltäter, glauben, die Menschen seien große Kinder und sie könnten mit ihnen umspringen, wie es ihnen beliebt – wie ein Kindermädchen, das einen Kinderwagen schiebt. Dabei ist jeder von uns ein geschickter Schwindler, wenn es um Dinge geht, die man eigentlich ablehnen sollte. Ich mache jetzt die Öffentlichkeitsarbeit für die AF, eine überhaupt nicht ehrenamtliche Tätigkeit, wenn ich so sagen darf.»

Ich runzelte die Stirn. In einer Welt, die ausschließlich aus Abkürzungen besteht, ist es genauso schwierig, einen neuen Namen einzuordnen, wie ein bestimmtes Gesicht aus einer anonymen Menge herauszufinden.

Er erklärte grinsend: «AF, ‹Aktive Freiheit›, ist ein harmlos klingender Name für die reiche, rücksichtslose, habgierige Tabakindustrie. Und sie bietet ehrgeizigen Menschen gutbezahlte Posten.»

Ich starrte ihn ganz erschüttert an.

«Wie fühlt man sich», fragte ich scharf, «als Beihelfer zum Mord an fünfundzwanzigtausend Landsleuten jährlich?»

Doktor Lonelyhearts antwortete beiläufig: «Die Empörung in der medizinischen Hierarchie über das Rauchen ähnelt auf faszinierende Weise der Haltung der katholischen Kirche gegenüber dem Sex. Bei beiden handelt es sich um Vergnügungen, die die jeweilige Gruppe in Schwierigkeiten bringen können; Schwierigkeiten, die in keinem Verhältnis stehen zu dem Spaß.»

Ich sagte entrüstet: «Bis jetzt habe ich das Wort ‹Sex› noch auf keinem Totenschein gelesen.»

Er überlegte: «Wäre aber kein schlechtes Ende, was?»

«Aber du hast doch Artikel geschrieben, in denen du den Leuten erzählt hast, wie blödsinnig es ist zu rauchen», hielt ich ihm vor.

«Ja, natürlich, aber das ist so, als liefe man eine Bahnstrecke zu Fuß entlang, um ans Ziel zu gelangen. Ich bin ein professioneller Übermittler von Botschaften. Ich bin froh, daß sich die ORGA und die AF um die öffentliche Gunst streiten, während ich so unbeteiligt bin wie Krupp, Vickers und andere florierende Rüstungsbetriebe. PR ist eine der wichtigsten Waffen in der modernen Demokratie», führte er aus.

«Eine Waffe zur Irreführung des Volkes», äußerte Sandra.

«Du hast völlig recht», stimmte er fröhlich zu. «Glaubst du etwa, daß unsere Politiker, Könige, TV-Stars und all die anderen hohen Tiere auch nur im entferntesten dem Bild entsprechen, das sie der Menge präsentieren? Wir lieben oder hassen Marionetten. Polemische Ansichten müssen, wie diese Menschen, gekonnt zur Schau gestellt werden. Richard, denk mal darüber nach! Meine Kriege sind die einzigen, die durch Tarnung gewonnen werden.»

Er trank seinen Whisky aus und sah selbstgefällig drein.

«Hat Jim Whynn all das, was du über die Leihmütter zusammengetragen hast, in einer brillanten Rede untergebracht?» fragte er.

Ich zuckte die Schultern. «Der Speaker hat seine Wortmeldung nicht zur Kenntnis genommen.»

Sandra sagte, als er gegangen war: «Doktor Lonelyhearts ist wirklich hochintelligent.»

Ich widersprach: «Du meinst wohl überschlau.»

Sie überlegte: «So gescheit, daß er schon wieder dumm ist.»

15

Ich ging hinaus in den warmen, hellen Abend, um die Gurken im Treibhaus zurückzuschneiden.

«Richard!» rief Sandra von der Terrassentür aus. «Sir Basil ist da!»

Ich genoß derzeit seine auf mich übertragene Dankbarkeit. Jilly hatte ihn vor einer unnötigen Operation bewahrt, indem sie gegenüber Bill Igtham, dem Chirurgen, hartnäckig die Ansicht vertreten hatte, daß Sir Basils heftige Magenschmerzen am Vorabend des Geburtstages der Königin seelische Ursachen haben könnten.

Er lief unruhig im Wohnzimmer auf und ab.

«Einen Tio Pepe?» fragte ich gastfreundlich.

Er zupfte heftig an seinem Bart. «Ich bin heute abend ganz durcheinander, Richard. Ich muß auf einen Scotch zurückgreifen.»

Ich schenkte ihm einen Glenlivet ein.

«Dein verdammter Doktor Lonelyhearts!» jammerte er und stürzte wütend das halbe Glas hinunter. «Du weißt doch, daß ich mich groß in der ORGA engagiere?»

Ich nickte.

«Jetzt zerstört er unsere ganze langjährige geduldige Arbeit, mit der wir die Leute dahingehend aufgeklärt haben, daß sie hirnlose Dummköpfe sind, wenn sie Zigaretten paffen.»

Er warf sich in den Sessel.

«Es ist zum Aus-der-Haut-fahren», fügte er hitzig hinzu. «Die Raucherstatistik ist die einzige solide, todsichere Information für die Ursachen des von allen so gefürchteten Krebs. Die Leute sollten sich darüber freuen. Statt dessen tüfteln sie Ausflüchte aus, betreiben Haarspalterei und nörgeln herum. Sie sagen, daß sie nervös und dick werden, wenn sie nicht rauchen. Sie hängen ihren Glauben – ihr Leben – an statistische Ausnahmen wie deinen Patienten in der Zeitung, Richard.»

Er warf mir über das Glas hinweg einen strengen Blick zu.

«Den du besser in dem Dunst seiner eigenen stinkigen Rauchwolke gelassen hättest.» Er bekannte: «Nach all den Jahren ärztlicher Praxis fallen mir die Menschen immer noch in den Rücken.» Und grimmig setzte er hinzu: «Ich werde diesen Marathon zu Fall bringen!»

Ich fragte, wie.

Sir Basil zuckte die Achseln. «Gott weiß wie. Der Kerl will zeigen, daß die Raucher genauso fit sind wie die Nichtraucher. Es ist kriminell – es ist mörderisch – die Macht, das Geld, der Einfluß, mit denen die kapitalistischen Sarazenen auf uns Kreuzfahrer losgehen.»

Er war auch ein großer Sozialist.

«Was wäre, wenn die Kapitalisten Babynahrung verkauften, die aus billigen Zutaten hergestellt ist, ihnen zwar hohe Profite brächte, aber jedes Jahr Tausende ihrer kleinen Kunden töten würde?» Er zupfte an den Fusseln am Revers seines Jacketts. «Möglicherweise, so nehme ich an, gäbe es deswegen einen Wirbel in den Zeitungen. Man bringt die Schulkinder durchs Rauchen um, und was passiert? Niemand verliert auch nur ein Wort darüber. ‹Wenn Blut der Preis für die Werbung wäre, hätten ihre Leser ihn schon voll und ganz bezahlt.› Kipling.»

«Noch einen Whisky?»

«Wie aufmerksam von dir. Diese mörderischen Industriellen reden immer noch von der Entscheidungsfreiheit. Fürwahr!» setzte er seine Rede fort. «Natürlich sollten wir frei entscheiden können, ob wir rauchen wollen oder nicht. Ganz wie wir wünschen. Wir sollten die freie Entscheidung treffen können, ob wir uns vom Beachy Head hinunterstürzen oder nicht. Aber die Behörden in Eastbourne haben da nur nüchterne Entmutigung anzubieten; sprechen Warnungen aus, errichten Barrieren. Anstatt zu sagen, daß es sich um eine von der Gesellschaft akzeptierte Aktivität handelt, die Teenager so sexy und chic macht wie gefüllte Oliven.»

Mir kam ein Gedanke. «Wie aber würde die Regierung die verlorene Tabaksteuer eintreiben?»

«Durch die Besteuerung von Büchern.»

Ich war überrascht. «Gerade *du* schlägst eine Kultursteuer vor?»

Er hob sein Whiskyglas. «Schließlich ist eine Steuer auf dies hier auch eine Vergnügungssteuer. Wie sieht es bei dir mit Honig aus?»

Ich mußte mir eingestehen, daß ich nicht in der Lage war, aus dem Stegreif zu antworten.

«Weißt du, daß ich in der *Bienenwelt* stehe? Du mußt doch in der heutigen Ausgabe des *Echo* von dem neuen hochtechnischen Bienenhaus am Pilgram's Way gelesen haben. Bienenhaltung wie im Raumfahrtzeitalter!» sagte er begeistert. «Elektronische Bienenstöcke, chemische Fütterung. Man kann Honig in jeder Geschmacksrichtung herstellen: Pfefferminz, Frucht- und Nußgeschmack, Salz und Essig, Butter und Whisky, Pistazien. Wußtest du, daß Honig nur halb soviel Kalorien hat wie Schokolade? Große Absatzmöglichkeiten bei Leuten, die abnehmen wollen. Ich habe ein paar tausend Pfund meiner Ersparnisse hineingesteckt», eröffnete er mir stolz.

Er trank seinen Glenlivet und zog ein dümmliches Gesicht.

«Außerdem sind Bienen umweltfreundlich», fuhr er nervös fort. «Und die Mitglieder von *Meadowsweet* sind ein bißchen unfreundlich zu mir geworden. Sie murmeln etwas von Leuten, die ihren Adelstitel für die Arbeit anderer bekommen; der anderen, die Quallen aus radioaktivem Wasser retten und nachts eine Wagenladung Mist vor die Tür des Kabinettministers kippen. Ich werde dir einen Probekarton zuschicken», bot er mir großzügig an. «Wir arbeiten an einem Whiskygeschmack, aber die Bienen wurden nur besoffen davon.»

Nachdem er gegangen war, klingelte das Telefon. Es war Arthur Crevin, der mich wütend anfuhr: «Richard! Ist dir eigentlich klar, daß du der Patenonkel der Methusalem-Mafia bist? Diese wandernden Leichname veranstalten im ganzen Land Partys. Wenn die in der Fleet Street die Geschichte in die Finger kriegen, werden Hundertjährige wie Fußballfans nach Churchford strömen und wahrscheinlich genausoviel Unheil anrichten. Jetzt gibt es Tee und Brötchen im Gemeindesaal von St. Alphege.»

«Doktor», begrüßte mich Mrs. Jenkins düster am nächsten Morgen, bevor die Sprechstunde anfing. «Noch mehr Ärger.»

«Immer noch keine passenden Bewerberinnen?» fragte ich gleichgültig. Seit sie ihre Arbeit wiederaufgenommen hatte, wunderte sie sich darüber, wie sie fünfzehn Jahre lang ohne die Hilfe einer Ganztagskraft ausgekommen war.

«Noch eine Teilnehmerin für das Knickstockrennen», verkündete sie verdrießlich. «Eine Mrs. Emily Hitchey-Powell von Trafalgar Cottage. Es kam am Telefon nicht ganz klar heraus, aber sie sagte, sie erinnere sich daran, Sie während der Krönungsfeierlichkeiten kennengelernt zu haben.»

Am späten Vormittag fuhr ich zu einem gepflegten Landhaus am anderen Ende von Churchford. Im Garten und zu beiden Seiten der Eingangstür blühten Rosen. Ich drückte auf die Klingel an dem polierten Messingschild. Einige Zeit rührte sich nichts, dann hörte man drinnen schlurfende Schritte, die Tür wurde langsam geöffnet, und eine alte Dame stand auf der Schwelle.

«Herzlichen Glückwunsch!» rief ich voreilig. «Sie sind zur

Geburtstagsparty der Hundertjährigen eingeladen, die das *Echo* veranstaltet.»

«Eigentlich», antwortete sie, «habe ich Sie wegen Mama angerufen.»

«Oh!» sagte ich.

«Ich bin erst vierundachtzig», erklärte sie entschuldigend.

«Das sieht man Ihnen nicht an», bemerkte ich automatisch.

«Mama war noch sehr jung, als sie mich zur Welt brachte», fuhr sie fort.

Sie ließ mich in einem kleinen, peinlich sauberen Zimmer mit erlesenen antiken Möbeln zurück, in dem es nach Lavendel duftete. Ein lebendes Porzellanfigürchen, das in einem mit Stickereien verzierten Sessel saß, begrüßte mich mit den Worten: «Ihr Ärzte habt immer so viel zu tun, es ist mir *wirklich* unangenehm, Sie zu belästigen.»

Ich antwortete galant: «Wären die Patienten, die einen Bruchteil so alt sind wie Sie, auch nur einen Bruchteil so vernünftig!»

«Aber meine kleine Sara», erklärte Mrs. Hitchey-Powell, «hat einfach darauf bestanden. Sie ist ein richtiger Schlingel.»

Ich widersprach ihr: «Ich bin sicher, daß sie wirklich eine sehr verantwortungsbewußte Tochter ist.»

«Sara hat in der Zeitung etwas über eine Feier oder einen Wettbewerb gelesen, der für Personen meines Alters in Frage kommt.»

Ich fragte, wie alt sie sei.

«Ich bin hundertdrei, obwohl ich glaube, daß man das lieber nicht so laut sagen sollte, nicht war, Doktor?»

«Sie müssen bei diesem Vergnügen dabeisein», forderte ich sie herzlich auf. «Der Herausgeber trommelt gerade Hundertjährige für eine wundervolle Champagnerparty im Arms Hotel in Churchford zusammen.»

«Oh, Champagner!»

Auf ihrem feinen, rosa-weißen Gesicht lag auf einmal der Ausdruck Aschenputtels, das sich an den Ball erinnert.

«Ich habe seit Jahren kein Glas von der Witwe – so haben wir den *Veuve Cliquot* immer genannt – mehr getrunken. Nicht seit der Zeit des lieben Romano. Ach, der *liebe* Romano! Im *Strand*, wie Sie sich sicher erinnern werden, Doktor. Einfach jeder ging dorthin, obwohl es eher *déclassé* war, ja eigentlich sogar ziemlich *louche*. Aber wir hatten so viel Spaß mit Leuten wie Oscar Wilde; was war er doch für ein amüsanter Mensch. Wenn ich mich bloß an die Dinge erinnern könnte, die er gesagt hat. Einige waren ganz einfach umwerfend. Ich bin mir sicher, daß man auch heute noch darüber lachen würde, obwohl ich vielleicht an jemand anderen denke.»

Sie kicherte unerwartet, wie ein Backfisch, der gekitzelt wird.

«Ich war in ganz jungen Jahren wirklich ein feuriges Füllen. Meine lieben Eltern waren überhaupt nicht damit einverstanden. Gott sei Dank hat mir Sara nie solche Sorgen gemacht.»

Auf einem Bärenfell stehend, trat ich unbehaglich von einem Fuß auf den anderen. Die hellblauen Augen der alten Dame blickten durch die bleigefaßten Scheiben auf den kleinen, kurzgeschnittenen Rasen hinter dem Haus, der von Azaleen gesäumt war. *«Die Mädchen von der Bühne – nun – sie waren schön! Die Männer im Parkett waren von vollendeter Eleganz.»*

Sie sah mich an.

«Wie seltsam, Doktor, daß man einige Begebenheiten aus seiner Jugendzeit ganz deutlich vor sich sieht, so, als hätte man erst gestern ein kurzes Lied auswendig gelernt, und man sich andererseits an manchen Tagen nicht daran erinnern kann, ob man gefrühstückt hat oder nicht. *Wir dinierten bei Romano's, und alle waren sehr dienstbeflissen. Wir tanzten, wo Gardenien nie geblüht haben.*»

Sie schwieg. Mir war zum Weinen zumute.

Mrs. Hitchey-Powell fuhr energisch fort: «Und wer genau wird auf der Party sein?»

«Alle möglichen Leute. Um daran teilnehmen zu können, braucht man nur eine hundert Jahre alte Geburtsurkunde vorzuweisen. Es wird eine Mischung aus allen Gesellschaftsschichten Südenglands.» Ich dachte an Rosie und Harold. «Es sind dabei natürlich auch einige ungeschliffene Diamanten mit Herzen aus Gold zum Vorschein gekommen.»

Sie überlegte und holte tief Luft.

«Vielleicht sollte ich lieber doch nicht mit der Art Menschen, die Sie mir beschreiben, zusammenkommen, Doktor. Außerdem bräuchte ich ein neues Kleid, und wir sind sehr arme Leute. Teilen Sie dem Herausgeber bitte höflich mit, daß ich nicht in der Lage sein werde, seine äußerst liebenswürdige Einladung anzunehmen, da ich schon eine anderweitige Verpflichtung habe.»

16

Auf der ersten Seite der Samstagsausgabe der englischen Zeitungen wurde bekanntgegeben, daß der für Sonntag in einer Woche geplante Raucher-Marathon aus den Straßen Londons verbannt worden sei.

Der Innenminister hatte zugeschlagen. Er war von Jim Whynn, dem «Sexskandal-Abgeordneten», mit hitzigen Worten dazu gedrängt worden, der entrüstet erklärt hatte, daß dieses Ereignis die gefährlichste Schändung der Hauptstadt seit der Pest von 1665 sei.

Am Nachmittag spielte ich mit Doktor Lonelyhearts Golf.

«Dieser verdammte Barty-Howells», jammerte er aufgebracht, als wir zum ersten Abschlag marschierten. «Bringt diesen hurensüchtigen, psychopathischen Hund von einem Politiker dazu, meine harte Arbeit von sechs Monaten in einer halben Stunde zunichte zu machen, nur um ein bißchen billiges Ansehen in der Öffentlichkeit zu ergattern.»

Er nahm einen Schläger aus der Golftasche und schlug damit wütend in die Luft.

«Ich hatte alles organisiert; Journalisten aus der ganzen Welt; alle zeigten begeistertes Interesse an diesem einmaligen sportlichen Ereignis, weil das natürlich eine phantastische Werbung für die Tabakindustrie ist. Ich hatte die Route so geplant, daß sie die berühmten Pubs von London berührte: Start bei ‹Ye Olde Cheshire Cheese› in der Fleet Street – für die Raucher gut zu erreichen –, und Ziel beim ‹Prospect of Whitby› in Wapping. Allen Läufern wäre es natürlich gestattet gewesen, sich während des Marathons eine Zigarette anzuzünden, so daß der ganzen Welt im Fernsehen vor Augen geführt worden wäre, daß Rauchen ein durchaus gesundes Hobby ist.»

Er starrte seinen Ball an, als stünde er Aug in Aug mit Jim Whynn.

«Es ist anzunehmen, daß das Nikotin beträchtlich zur Steigerung der sportlichen Leistungsfähigkeit beiträgt», meinte er verdrießlich. «Schade, daß unser armseliger Haufen bei den letzten Olympischen Spielen keine Zigaretten in den Hosenbund gesteckt hatte, bevor er an die Startblöcke ging. Oh, Gott! Was für ein mieser Schlag!»

Ich schlug den Ball ab.

«Mein lieber Aleyn, ich fühle mit dir», erklärte ich ihm, «wie ein weichherziges Krokodil.»

«Ich kann Barty-Howells verstehen», gab er zu. «Gott weiß, warum er Bienen kaufen will. Ihm schwirren schon genug im Kopf herum, um uns bis in alle Ewigkeit mit Honig zu versorgen. Aber Jim Whynn! Mein Pech, nehme ich an. Er packt natürlich die erste Gelegenheit beim Schopf, um sein beschmutztes Image aufzupolieren.»

Ich widersprach: «Ich weiß zufällig, daß Jim als Mensch strikt gegen das Rauchen ist. Und in der Politik geht es um Menschen.»

«In der Politik geht es um Politiker», verbesserte er mich. «Und Gott weiß, warum um ein psychologisches Gutachten soviel Aufhebens gemacht wurde. Wahrscheinlich liegen noch sechshundertfünfzig solche Gutachten irgendwo herum.»

Wir begannen, den Fairway entlangzugehen.

«Wenn dieser scheinheilige Wohltäter Barty-Howells glaubt, daß er so davonkommt», erklärte Dr. Lonelyhearts düster, «dann wird er eine größere Überraschung erleben als Rotkäppchen.»

«Sollen wir unseren üblichen Einsatz bei dieser Runde verdoppeln?» fragte ich.

«Nein, ich bin so durcheinander, daß ich furchtbar schlecht spiele. Und das weißt du verdammt genau!»

Wir beendeten das Spiel. Der Clubsekretär begrüßte uns wutschnaubend im Umkleideraum. Er war den ganzen Nachmittag von jemandem gequält worden, der dringend Dr. Lonelyhearts' Rückruf erwartete.

Ich verdrückte mich an die Bar, Dr. Lonelyhearts sich in die Telefonzelle. Ich bestellte gerade meinen zweiten Talisker, als er zurückkehrte. Er war wie umgewandelt und sah so fröhlich drein wie Mickymaus persönlich.

«Das war Sticks Cigarettes», verkündete er aufgeregt, «der Generaldirektor persönlich. Wußtest du, daß sich die Zentrale des Unternehmens nicht in dem verpesteten London befindet, sondern in der gesunden Luft von Surrey? Der Marathon findet *doch* statt; Sonntag nachmittag, wie geplant. Wir starten bei der Sticks-Zentrale und laufen dann die ehrwürdigen Kurven und Biegungen des Pilgrim's Way entlang.»

Er breitete schwungvoll die Arme aus.

«Dann über die freundlichen, fotogenen Hänge der North Downs. Und weißt du, wo das Ziel sein wird, Richard? Genau hier in Churchford, auf dem Marktplatz. Das gibt viel gesündere Bilder im Fernsehen», stellte er mit hämischem Vergnügen fest und nahm sein Gin-Tonic vom Barmann entgegen.

Stolz fuhr er fort: «Wußtest du, daß ich bereits Dutzende hübscher Mädchen engagiert habe, die ihre Reize großzügig zur Schau stellen werden, während sie den Läufern alle hundert Meter Gratiszigaretten anbieten? Gerade hat mir Sticks erzählt, daß Old Mother's Gin und Fireball Scotch meinen Gedanken einer gemeinsamen feuchtfröhlichen Veranstaltung aufgegriffen haben und sich uns anschließen werden. Sie stellen den Mädchen Gratisdrinks zur Verfügung, die diese dann ebenfalls verteilen werden.»

«Warum beenden die Mädchen nicht den Wettbewerb, indem sie die Läufer hinter die Büsche locken? Chaucer persönlich wäre auf die Idee gekommen.»

Er lachte. «Ich glaube nicht, daß du mit unseren Vergnügungen einverstanden bist. Du bist wirklich ein alter Spielverderber. Ich möchte ganz einfach, daß jeder auf seine Kosten kommt. Denk doch einmal nach: Hast du jemals einen Marathon gesehen, bei dem sich jemand auch nur im entferntesten amüsiert hat?»

Da mußte ich ihm zustimmen.

Als ich nach Hause kam, stand ein Metro vor dem Tor.

Basil Barty-Howells saß im Wohnzimmer und trank mit Sandra einen Glengoyne.

«Churchford!» stammelte er. Er war rot vor Wut. «Churchford! Vor den Toren meines eigenen Krankenhauses! Ich könnte mich nicht verletzter fühlen, wenn Doktor Lonelyhearts mir absichtlich Rauch ins Gesicht geblasen hätte.»

«Oh, da besteht nicht die geringste Gefahr», erläuterte ich. «Er würde nicht im Traum daran denken zu rauchen. Er weiß, daß es viel zu ungesund ist.»

«Ich werde diese Niederlage nicht hinnehmen», fuhr Basil zornig fort. «Ich werde ein Sabotagekommando aufstellen, so wie damals, als wir die Jagdgesellschaften gestört haben.» Seine Augen funkelten. «Das waren noch Zeiten! Ich erinnere mich noch gut an meine Jugendzeit, im Anorak und mit Aerosolspray in der Hand; ich erhielt meine Feuertaufe beim Quorn, weißt du – ach, diese wunderschönen Frühlingstage! Diese klaren Frosttage im Winter! Wo auf der Welt ist es schöner als in der großartigen Landschaft Englands, wo die Jagdhunde bellen, der durchdringende Laut des Jagdhorns tönt? Und dann die Kameradschaft, meine Freunde, der Schluck aus der Feldflasche. Ich habe sie alle sabotiert, all die Jagden, von Cumberland durch das ganze Königreich hindurch bis hinunter zu den Ländereien südlich der Themse. Das waren die glücklichsten Tage meines Lebens. Aber natürlich muß man so einen blutigen Sport aufgeben, wenn man von der Karriere als Oberarzt in Anspruch genommen wird.»

Ich tröstete ihn: «Nun, es wird keine Reitgerten geben, und es ist unwahrscheinlich, daß die Meute beißt.»

Er sah mich zweifelnd an. «Es werden sich nicht genügend Freiwillige melden. Wir leidenschaftlichen Nichtraucher sind alle zu höflich, zu besonnen, zu sanftmütig, zu gewaltlos.»

«So wie Hitler?» fragte ich.

Jim Whynn wurde in den Leitartikeln der Zeitungen aufs höchste gelobt, während Churchford mit Flaggen und Plakaten geschmückt wurde, die das Fest zweier verschiedener Gruppen ankündigten, die beide den Tod verachteten.

Die Party der Hundertjährigen begann am Samstagnachmittag in dem Ballsaal, der Churchfords altem Postgasthof angeschlossen war. Und so wirkte die *danse macabre* wie ein *cancan*.

Rosie Styles und Harold Wooljohn fühlten sich als Fred Astaire und Ginger Rogers aus dem Altenheim, obwohl ihre gemeinsame Pose vor der Kamera von Rosie mit den Worten zunichte gemacht wurde: «Nimm deine dreckigen Pfoten von mir weg!»

«Ich mag sie wirklich», erklärte mir Harold. «Schade, daß mein Fahrrad verschwunden ist.»

Ich rechnete aus, daß die Ehrengäste zusammen auf das unglaubliche Alter von dreitausendfünfhundertzwei Jahren kamen. Arthur Crevin schwirrte unter ihnen herum und schüttelte Hände; der Sekt wurde ausgeschenkt, die *canapés* herumgereicht; das schrille Geschnatter wurde lauter, und schließlich wurden keuchend die hundert Kerzen der riesigen Geburtstagstorte ausgeblasen.

«Meine Damen und Herren! Ich habe Ihnen eine sensationelle Ankündigung zu machen.»

Neben Arthur stand ein kleiner, dicker Mann, den ich noch nie zuvor gesehen hatte, und strahlte.

«Darf ich Ihnen Mr. Lushington vorstellen», fuhr er fröhlich fort, «den Vorsitzenden von Brighter Britain G.m.b.H., unserem größten Ausstatter von Spielhallen, Wettbüros und anderen Orten, die das Leben in unserem Land so aufregend machen.»

Arthur begann laut zu applaudieren. Einige Gäste folgten seinem Beispiel und sahen verwirrt drein – wie Hunde, die wedeln, um ihrem Herrchen zu gefallen.

«Ich hasse diesen pompösen Titel ‹Ehrenbürger›», erklärte Arthur.

«Ich auch», stimmte ihm Harold Wooljohn zu. «Ich bleib lieber ganz einfach ‹Dick, der alte Gauner›!»

«So haben wir uns entschlossen, diese Auszeichnung die ‹Altbritannische Medaille› zu nennen», verkündete er. Er zog einen Scheck hervor. «Mr. Lushington stiftet heute einen Preis von...» Er legte eine eindrucksvolle Pause ein, schwenkte den Scheck in der Luft und schrie: «Zehntausend Pfund!»

Die Neuigkeit dröhnte durch die Hörgeräte und stiftete Verwirrung.

«Und der älteste Teilnehmer», verkündete Arthur, «ist Mrs. Irene Lambert vom Himalaya Drive, die hundertundein Jahr alt ist. Sie gewinnt vor Mr. Alfred Hosegood aus der Mons Avenue, der in zwei Wochen ebenfalls einhunderteins wird.»

«Ein Vorsprung von 0,04 Prozent», berechnete Mr. Lushington anerkennend. «So einen knappen Endspurt sieht man nicht einmal bei den Olympischen Spielen.»

Die Information sickerte langsam durch. Es gab mehr Applaus. Mrs. Lambert war eine fröhliche Dame und hatte sich durch ihre Imitation von Marie Lloyd sofort beliebt gemacht.

«Einen Moment!»

Es war Rosie Styles. Sie wühlte aufgeregt in ihrer Handtasche und zog dann einen langen, zerknitterten Streifen Papier hervor.

«Das ist meine Geburtsurkunde», kreischte sie. Sie fuchtelte damit wild herum. «Ich bin einhundertzwei.»

Arthur starrte sie an. «Warum haben Sie das nicht gleich gesagt?»

«Ich hatte es vergessen! Ich hab vergessen, daß ich schon meinen hundertsten Geburtstag hatte! Ich hab das Telegramm der Königin vergessen. Natürlich! Deshalb habe ich letztes Jahr keines gekriegt», rief sie aus. «In meinem Alter darf man schon ein bißchen vergeßlich sein, oder?»

In dem Saal summte es wie in einem Bienenhaus. Arthur nahm die Geburtsurkunde.

«Eine Korrektur», erklärte er hastig. «Nach nochmaliger Überprüfung gewinnt Mrs. Styles.»

«Es ist wirklich eine Schande», wandte Mr. Hosegood empört ein. Er war ein kleiner Mann mit langem Bart. «Sie sollte disqualifiziert werden.»

«Warum?» fragte Rosie.

«Weil Sie nicht gleich Ihr richtiges Alter angegeben haben. Sie sollten aus dieser Babyshow disqualifiziert werden.»

«Wenn ich so nachdenke – vielleicht bin ich auch schon einhundertzwei», überlegte Harold Wooljohn. «Mein Vater hat sich ziemlich viel Zeit gelassen, um meinen Geburtstag eintragen zu lassen. Er war ein fauler Kerl.»

Ich ging zu Arthur Crevin hinüber.

«Gott sei Dank besitze ich keine Zeitung in Tokio», murmelte er. «Dort werden die Leute einhundertzwanzig Jahre alt. Und ich habe gehört, daß es in Samarkand mehr Greise als Teenager gibt.»

Ich hielt ihn am Arm fest.

«Halten Sie eine halbe Stunde lang die Stellung!» befahl ich ihm. «Halten Sie eine Rede! Singen Sie was!...

Er sah mich beunruhigt an. «Warum?»

«Der Gewinner ist noch nicht hier.»

Ich sprang ins Auto und fuhr zum Trafalgar Cottage.

«Was für eine vulgäre Person diese Mrs. Styles sein muß», murmelte Mrs. Hitchey-Powell, als ich ihr atemlos die ganze Geschichte erzählte. «So unverschämt geldgierig zu sein! Unsere Generation sollte wirklich versuchen, ein bißchen Würde zu bewahren, wo doch heutzutage jedem applaudiert wird, der sich so benimmt, wie es ihm gerade Spaß macht.»

Ich drängte sie: «Aber zehntausend Pfund, Mrs. Hitchey-Powell! Es ist vielleicht nicht mehr soviel wert wie zu jener Zeit, als Sie die Nächte bei Romano's durchtanzten, aber Sie könnten sich damit ein paar neue Kleider kaufen.»

Schweigen breitete sich aus. Langsam faltete sie ihre kleinen Hände im Schoß.

«Es ist wirklich liebenswürdig von Ihnen, Doktor. Ich weiß, wie Ihnen mein Wohlergehen am Herzen liegt. Aber es hätte keinen Unterschied gemacht, wenn ich am Fest teilgenommen hätte. Sehen Sie», gestand sie, «ich bin erst hundert. Eine Dame darf doch ihr wahres Alter verschweigen, nicht wahr?»

«Natürlich», versicherte ich verwirrt. «Obwohl sie sich meistens nicht gerade älter macht.»

Sie spitzte die Lippen.

«Sie haben die kleine Sara vergessen», erklärte sie ruhig. «Es würde sie kränken, wenn jeder wüßte, daß ich sie bekommen habe, als ich erst sechzehn war. Was sehr, sehr schlimm ist, finden Sie nicht? Jedenfalls heutzutage, wie ich höre. Aber vielleicht waren wir nicht so streng, als wir tanzten, wo Gardenien noch nie geblüht haben.» Sie flüsterte mit einem Seufzer: «Romano's, oh, wie schön war es bei Romano's.»

Ich schluckte. Ich hatte das Gefühl, daß der Marathon am nächsten Tag stark abfallen würde gegen dies hier.

Der Startschuß wurde von einem berühmten Komiker abgefeuert und war über die Grenzen unserer Gemeinde hinaus zu hören. Gestartet wurde am späten Nachmittag, wodurch den Läufern Zeit gegeben wurde, ein gemütliches Sonntagsessen zu sich zu nehmen. Es war ein warmer, klarer Tag; leichter Wind wehte, so erfrischend wie eisgekühlter Rheinwein. Ich nahm in der Foxglove Lane am Geschehen teil – vor dem Fernseher sitzend.

Wenn ich mir das Hauptfeld in seinen Sportdressen so ansah, kam mir dagegen das Grand National wie ein Wettrennen zwischen zwei Pferden vor. Während die Teilnehmer fröhlich rauchten und tranken, Gratiszigaretten und Plastikbecher mit Alkohol vor die Kamera hielten, keuchten sie über die hübschen Wege zwischen den Bäumen mit grünem Obst, den üppigen Feldern, dem reifen Getreide und den mächtigen Eichen durch die sonnige Landschaft der Downs.

An diesem Wochenende hatte ich Bereitschaftsdienst. Ich wurde kurz zu einem Verdacht auf Blinddarmentzündung gerufen (falscher Alarm). Als ich über den Marktplatz nach Hause fuhr, hielt ich an, um Doktor Lonelyhearts früherer Einladung ins Sektzelt nachzukommen. Er löste sich aus einer Gruppe von Sticks-Managern und sah mich nervös an.

«Das ist ja ein großartiger Erfolg», gratulierte ich ihm. «Läuft alles wie geplant?»

Er runzelte die Stirn. «Willst du mich auf den Arm nehmen?»

«Aber zehntausend Pfund, Mrs. Hitchey-Powell!» . . .

... drängt der Doktor seine alte Patientin. Es ist wahr, auch wenn ein solcher Betrag im Lauf der Jahre an Wert verliert, für ein paar neue Kleider reicht er bestimmt.

Übrigens, man kann gegen die Minderung der Kaufkraft seiner Ersparnisse etwas unternehmen: Man legt sie sicher und zinsgünstig an.

«Am Start sahen alle so glücklich drein, als hätten sie das Rennen schon gewonnen», bemerkte ich.

«Wir hatten schon fünf Herzinfarkte und sind noch nicht einmal hinter Leatherhead.»

Ich drückte meine Besorgnis aus. «Gott weiß, warum einige dieser Leute sich überhaupt gemeldet haben. Es ist schließlich *doch* ein sportliches Ereignis.» Seine Einsicht kam etwas spät. «Ich glaube, bei vielen bestand die gesamte sportliche Aktivität in ihrem Leben darin, die Hand zum Mund zu heben.»

Er legte das Funkgerät ans Ohr.

«Um Gottes willen! Das Reigate-Krankenhaus hat keine Betten mehr frei, und das Redhill kann keine neuen Fälle von Alkoholvergiftung mehr aufnehmen.»

Ich verließ ihn, einen von Sorge gequälten General, der mit einer Welle von unerwarteten Verlusten fertig werden muß.

Am frühen Abend wurde ich zu einem Kind mit Erstikkungsanfällen gerufen (es hatte einen Wutanfall). Wieder hielt ich am Marktplatz an.

Doktor Lonelyhearts umkreiste in hektischer Verzweiflung die Fernsehkameras. «Das Rote Kreuz hat ein Notlager in Oxted eingerichtet», erzählte er mir bestürzt. «Das Gesundheitsministerium schickt einen Krankenwagen. In jedem Krankenhaus in Südostengland herrscht Katastrophenalarm, wenn nicht sogar eine Zivilschutzwarnung wie bei einem bevorstehenden Atomkrieg.»

Ich drückte mein Mitgefühl aus.

«Darüber hinaus gibt es Massenverhaftungen wegen Trunkenheit und ordnungswidrigen Verhaltens in Dorking. In Westerham sind fünfzig dieser Idioten auf die Idee gekommen, gemeinsam auf die Straße zu pissen. Ich erwarte jeden Augenblick eine Delegation der Anrainer und Montag kommen bestimmt Anzeigen wegen Erregung öffentlichen Ärgernisses und Verschmutzung der Vorgärten. Die ersten von den paar Nüchternen werden doch sicherlich jede Minute eintreffen?» Er fixierte verzweifelt die mit Flaggen geschmückte Zielgerade. «Das gibt wenigstens ein vernünftiges Bild in den Fernsehnachrichten.»

Wir warteten. Die Fernsehteams wurden langsam unruhig. Sie starrten in den Himmel und beschwerten sich, daß sie kein Licht mehr hätten. Ich blickte auf die Uhr.

«Na ja, die Pubs haben schon geöffnet. Vielleicht haben sie alle bei einem Pub haltgemacht, um sich einen Drink zu genehmigen?» meinte ich, aber Doktor Lonelyhearts fand das nicht besonders witzig.

Wir warteten weiter.

Doktor Lonelyhearts führte mit seinem Walkietalkie eine aufgeregte Unterhaltung. Die Fernsehleute packten ihre Kameras ein, beluden ihre Wagen und fuhren ab. Die Straßenbeleuchtung in Churchford ging an. Die Sticks-Manager gingen zu ihren Rolls Royces und Jaguars. Sie würdigten Doktor Lonelyhearts weder eines Blickes noch eines Wortes. Er saß auf einer Kiste mit Filterzigaretten und hielt sich die Hände vors Gesicht.

«Wo sind sie? Wo sind sie?» stöhnte er wie ein General, dessen Armee geflüchtet ist. «Sie können doch nicht innerhalb von ein paar Stunden vom Erdboden verschwunden sein. Selbst beim Erdbeben in San Francisco gab es Überlebende. Oder wird das Ganze als eines der Großen Geheimnisse in die Geschichte eingehen, so wie das der *Marie Celeste*?»

Ich legte ihm schweigend den Arm um die Schultern. Dann verabschiedete ich mich. Der Mond ging auf.

Zu Hause fand ich Basil Barty-Howells vor, der im Wohnzimmer mit Sandra einen Glenlossie trank und mit roten Flekken übersät war.

«Meine Ersparnisse – dahin», verkündete er glücklich. «Ich habe meine Bienen auf dem tiefliegenden Teil von Pilgrim's Way freigelassen, knapp vor Churchford. Das letzte, was ich von den Marathonläufern gesehen habe, war, wie sie im Wald verschwanden. Dort werden sie wahrscheinlich über Nacht bleiben. Ich weiß nicht, was elektronische Bienenstöcke an sich haben», überlegte er laut und kratzte sich. «Aber die Bienen scheinen sie enorm stechfreudig zu machen.» Er leckte sich die Lippen. «Der Whisky ist wirklich gut, danke. Gott sei Dank muß man davon – anders als beim Rauchen – eine Menge zu sich nehmen, bevor man daran stirbt. Ja, danke, ich nehme noch einen.»

Drei Tage später traf ich Doktor Lonelyhearts auf der High Street in Churchford.

«Die AF hat mich gefeuert», informierte er mich verdrießlich. Er seufzte. «Ich hätte niemals die Öffentlichkeitsarbeit für etwas übernehmen sollen, das ich verachte. ‹Bleib dir selbst treu.› Shakespeare hatte völlig recht. Aber zu seiner Zeit hat natürlich kaum jemand, außer Sir Walter Raleigh, geraucht.»

17

Mrs. Blessington kam zu ihrer jährlichen Durchuntersuchung.

Torschlußpanik!

Ich wußte, daß es diesmal nur falscher Alarm war, wie die Angst, die ein ungezogenes Kind befällt, wenn es einen trügerischen Schatten sieht.

Ich bin seit Jahren davon überzeugt, daß Mrs. Blessington eine heimliche Leidenschaft für mich hegt. Sie sieht mich immer mit dem faszinierten, scheuen, aber amüsierten Blick eines Kindes an, das vergnügt dem Geschehen im Zirkus folgt.

Gleichgültig, welche Beschwerden sie anführte – schon nach kurzer Zeit mußte ich mir von den sexuellen Praktiken auf ihrem gemeinsamen Lebensweg mit Mr. Blessington und ihren gelegentlichen Seitensprüngen berichten lassen. Selbst bei den geringfügigsten Wehwehchen zog sie bereitwillig ihr Kleid aus und befreite sich von ihrer Boutique-Unterwäsche, um mir hilfreich Einblick zu gewähren.

Mrs. Blessington hat blondes Haar, große Augen, und ihr Mund ist immer leicht geöffnet. Sie ist groß, schlank wie ein Reh, und ihre Brüste sind so stramm wie zwei Pfirsiche. Ich sehe sie regelmäßig anläßlich von Einladungen in das neue, niedrige, weiße Haus der Blessingtons mit Swimmingpool, einer mit Flutlicht beleuchtbaren Terrasse und einem Grill aus

Backstein. Wie viele ihrer übrigen Gäste, die höflich sein wollten, hatte sie das Gefühl, daß mich ein Gespräch über ihre Beschwerden am ehesten interessieren würde; oft schlägt sie mir vor, nach oben in ihr Schlafzimmer zu gehen, wo sie sie mir besser vor Augen führen könne. Ihr Mann hat eine Firma, die Fertiggerichte herstellt.

Eine Liebesromanze zwischen Arzt und Patientin hat die reine, tragische Schönheit einer klassischen Liebe zwischen zwei Menschenkindern, die füreinander unerreichbar sind. Die Affäre kommt nie zustande, ist nicht erwähnenswert und sollte am besten gar nicht bemerkt werden. Abelard und Heloise hatten es da sehr viel leichter.

Es ist sonderbar, wenn nicht gar grotesk, wie selbst Ärzte mittleren Alters ihre Patientinnen in Erregung versetzen können. Ich glaube, wir stellen ihre Verführungskünste auf eine Feuerprobe. Sie müssen damit nicht nur wie üblich über Ehefrau, Heim und Familie triumphieren, sondern auch über den gesamten Ärzteverband.

«Alles in Ordnung», lächelte ich Mrs. Blessington an und nahm das Stethoskop von den Ohren.

«Ich bin so froh, Doktor.» Sie griff nach ihrem cremefarbenen Spitzen-BH. «Es wäre entsetzlich, wenn irgend etwas bei der Sommerproduktion der Churchforder Laienspielgruppe dazwischenkäme. Zu guter Letzt hat meine bescheidene Wenigkeit doch die Hauptrolle bekommen.»

Ich gratulierte ihr.

«Wir spielen *Doppelfehler*», erklärte sie begeistert.

Ich konnte mich an kein Stück mit diesem Titel erinnern.

«Sie *müssen* zur Premiere kommen», sagte sie beschwörend. «Sie findet im Gemeindesaal von St. Alphege statt, gleich bei Ihnen um die Ecke. Wir haben schon mit den Proben begonnen.»

Um die Zeit zu überbrücken, während sie ihre weißen Spitzenstrümpfe anzog, erwähnte ich: «In meiner Jugend wurde ich für einen ganz begabten Laienschauspieler gehalten. Als Assistent habe ich viele Rollen gespielt: Charley's Tante, Captain Corcoran, Othello und so weiter.»

Ihre Augen leuchteten noch mehr. «Aber, Doktor, Sie müssen eine Rolle übernehmen! Ich bin sicher, daß es da keine Schwierigkeiten geben wird. Wir haben so wenig talentierte Darsteller, noch dazu, wo doch jeder im August verreist ist.»

Ich murmelte etwas wie, daß das gar nicht in Frage käme.

«Oh, aber ich bestehe einfach darauf. Das würde enormen Anklang beim Publikum finden. Und dann, natürlich! Wir haben genau die richtige Rolle für Sie: den Arzt!»

Ich machte weiterhin abwehrende Gesten.

«Es ist nur eine kleine Rolle, die Ihre Zeit kaum in Anspruch nehmen wird», fuhr sie fort, während sie ihre Ohrringe befestigte. «Sie und ich könnten *so viel* Spaß zusammen haben!»

Ehe ich mich's versah, hatte ich eingewilligt.

«Ich bin sehr stolz, daß man mich gebeten hat», rechtfertigte ich mich abends vor Sandra. «Du erinnerst dich doch sicherlich noch an meine Ausstrahlung auf der Bühne? Als du mich das allererste Mal sahst, spielte ich gerade Dick Whittington in der Krankenhaus-Pantomime. Oder vielleicht war es auch die Katze.»

«Tu, was du willst, Liebster, aber die meisten Männer in deinem Alter und in deiner Stellung bemühen sich, keinen Narren aus sich zu machen, und stürzen sich nicht kopfüber in eine solche Dummheit.»

Ich war gekränkt.

«Die Laienspielgruppe besteht aus höchst angesehenen Leuten», widersprach ich. «Sir Damian Havers ist der Präsident – obwohl er genausowenig eine Aufführung besuchen würde wie Gott an einem Sonntagmorgen die Kirchenbank.»

Am nächsten Abend nahm ich zum erstenmal an einer Probe teil. *Doppelfehler* war bereits ein Thriller gewesen, als das erste Mal der Vorhang zu «Die Mausefalle» hochgegangen war. Die Handlung spielte in der Woche des Wimbledon-Turniers im Wohnzimmer eines Landhauses in Sussex. Sie rankt sich um die treulose Frau des steinreichen Gastgebers (Mrs. Blessington), die sich den Luxus einer heimlichen Liebesaffäre mit dem Sieger des Herren-Einzels leistet – damals waren die Wimbledon-Sieger eben nicht alle ungezogene Teenager.

Draußen war es kühl geworden. Auf dem Weg zum Gemeindesaal von St. Alphege fragte ich mich, ob ich wohl endlich den Mann kennenlernen würde, der meine Tochter trauen sollte. Seit wir in Churchford wohnten, war mein Nachbar in der Gemeinde Reverend James Rumbold gewesen, ein guter Mann, dick, mit einem rosigen Gesicht, der an Rückenschmerzen litt. Er hatte sich diesen Sommer zur Ruhe gesetzt, um für den Rest seines Lebens – man sagt dem Klerus ja sagenhafte Langlebigkeit nach – Forellen zu fischen; er zeigte keinerlei Ungeduld, daß die Freuden des Lebens nach dem Tode, die er fünfzig Jahre hindurch gepriesen hatte, auf sich warten ließen.

Sein Nachfolger war Reverend Ron Flood, ein schlanker, gutaussehender junger Mann mit kantigem Gesicht und dichtem Haar; progesessiv, links eingestellt, kein Kollar, kein Ich-bin-heiliger-als-du-Gehabe. Er stand am Eingang des Gemeindesaals und erklärte verwirrt, daß es gegen die Gemeindevorschriften, wenn nicht sogar gegen die Lehre der Kirche von England verstoße, im August zu heizen. Seine Widersacherin, die, dick eingemummt in einen Nerzmantel, zitterte und ihm ärgerlich widersprach, war Mrs. Noakes.

Mrs. Noakes hegte ebenfalls seit Jahren eine heimliche Leidenschaft für mich.

«Doktor, wie reizend!» rief Mrs. Noakes, öffnete ihren Nerz und drückte mich an ihr schwarzes Trikot, während der Vikar sofort die Gelegenheit ergriff, um sich in die Kirche davonzustehlen. «Und Sie spielen auch mit. Wir werden soviel Spaß zusammen haben.»

Mrs. Noakes war klein, hatte schwarzes, lockiges Haar, eine Stupsnase und Brüste, die so fest waren wie reife Auberginen. Sie wohnte in einem großen, im Tudorstil der dreißiger Jahre nachgebautem Haus ohne Swimmingpool; dafür besaßen die Noakes eine Villa in Fuengirola und einen Rolls. Meine Patientinnen Mrs. Blessington und Mrs. Noakes waren unsere großartigen, rivalisierenden Gastgeberinnen, wir Mrs. Astor und Mrs. Vanderbilt, Lady Cunard und Lady Londonderry, und wetteiferten um den Beifall der Churchforder Gesellschaft mit Wein und Käse.

Mrs. Noakes faßte mich an der Hand. «Kommen Sie, Sie müssen unseren lieben Regisseur kennenlernen. Hier ist unser geliebter Doktor.»

Sie stellte mich meinem Bankdirektor vor.

Ich hatte Mr. Wilbrahams bereits bemerkt, der, um sich warm zu halten, auf der kahlen Bühne in Jeans und einem Hawaiihemd herumhüpfte und Dinge sagte wie: «Göttlich, entzückend, aber leg ein kleines bißchen mehr Gefühl in deine spöttische Bemerkung», so wie er normalerweise sagte: «Ihr Überziehungsrahmen wird auf der Grundlage unseres Basiszinssatzes plus drei Prozent berechnet.»

«Helen, Liebste!» Er umarmte Mrs. Noakes. «Dein großer Auftritt kommt einfach göttlich rüber.»

«Lionel, Süßer», murmelte sie, streichelte seine Wange und gab ihm einen Kuß auf die andere.

«Helen, Liebste!» rief Mrs. Blessington, als sie in der Tür erschien, mit Netzstrümpfen und einem Seemannspullover bekleidet und Ohrgehängen, die wie Krapfen aussahen.

«Valerie, meine Liebe!» sagte Mrs. Noakes, als sie einander küßten.

Der Spaß der Laienschauspieler besteht in der Möglichkeit, sich wie Schauspieler zu benehmen, ohne daß sie sich in der mißlichen Lage befinden, sich ihr Geld damit verdienen zu müssen.

Mr. Wilbrahams klatschte in die Hände.

«Okay, meine Herrschaften, wir fangen von vorne an.» Er wandte sich an die ungefähr zwanzig Darsteller, die in dem eisigen Saal herumstanden. «Erster Akt, erste Szene. Helen und Valerie, Schätzchen, auf die Bühne!»

«Meine Zähne klappern so, daß ich meinen Text nicht herausbringe», klagte Mrs. Blessington.

«Du hättest dir mehr anziehen sollen, meine Liebe», bemerkte Mrs. Noakes.

«Trägst du Thermounterwäsche unter diesem schwarzen Ding?» fragte Mrs. Blessington.

«Ich habe *keine* Thermounterwäsche an, meine Liebe», verbesserte Mrs. Noakes sie mit Nachdruck.

«Oh, es tut mir leid, Helen; vielleicht hast du nur ein bißchen zugenommen», stellte Mrs. Blessington entschuldigend fest.

«Vorhang hoch», sagte Mr. Wilbrahams.

«Es ist Cocktailzeit», verkündete Mrs. Blessington laut. «Travers!»

«Ich komme schon, Madam», erklärte Mrs. Noakes und hielt die Arme ausgestreckt nach vorne. «War ich auch nicht zu schnell, Lionel? Ich meine, ich möchte nicht die Wirkung meines späteren Auftritts verderben, wenn ich an der Tür lausche.»

«Ein gutes Dienstmädchen würde die Kanapees sofort bringen, nachdem ich sie bestellt habe», sagte Mrs. Blessington.

«Ein gutes Dienstmädchen würde nicht in so einer Bude arbeiten», erwiderte Mrs. Noakes.

Es war klar ersichtlich, daß Mrs. Noakes nicht den geringsten Wert darauf legte, Mrs. Blessington überhaupt Kanapees zu bringen, nicht einmal der Kunst zuliebe.

«Laßt uns noch mal von vorne anfangen, ihr Lieben!» rief Mr. Wilbrahams. Er setzte mit seiner Bankdirektorenstimme hinzu: «Doktor, ich hab da unten so einen Juckreiz. Könnten Sie sich das in der Kaffeepause auf der Herrentoilette mal ansehen?»

Der Bühnenmeister, Mr. Daypole (Einzelhändler in Herrenbekleidung) gab nervös kurze Anweisungen: «Sie stehen hier, Doktor. Ich hoffe, daß die richtige Verandatür am Abend der Aufführung nicht klemmen wird, so wie damals, als wir ‹Der Freund› spielten.»

Mr. Dale (aus der Buchhandlung) legte sich auf dem Sofa zurecht. Mrs. Blessington kam wieder von rechts auf die Bühne.

«Giles, mein lieber Giles! Es ist doch nicht wahr? Er kann doch nicht tot sein?! Travers!»

«Ja, Madam.» Mrs. Noakes kam von links, die Hände vors Gesicht geschlagen. «Mein armer Herr. Noch vor einer Minute lachte er und machte Späße, wie es seine Art ist.»

«Haben Sie auch sicher den Arzt gerufen?» fragte Mrs. Blessington.

«Aber da kommt er ja», teilte Mrs. Noakes mit und nahm die Hände vom Gesicht.

Ich betrat von der Mitte her durch die unsichtbare Verandatür die Bühne. Meine Rolle war nicht anspruchsvoll. Ich hatte zu erklären, daß Mr. Dale eines natürlichen Todes gestorben sei. Mrs. Blessington wurde später verdächtigt, ihren Mann mit Strychnin, das sie mit dem Magenbitter in seinen Morgen-Gin gemischt haben konnte, vergiftet zu haben.

«Es ist etwas Furchtbares passiert», begrüßte mich Mrs. Blessington.

«Meinen Sie, er ist tot?» rief ich.

«Oh, Gott, Mrs. Horsefall, ich fürchte, ich komme zu spät», schrie die Souffleuse, Mrs. Agnew (von der Baugenossenschaft).

«Ich meine, er sieht überhaupt nicht wie ein Toter aus», stellte ich fest.

Mr. Dale war niedergeschlagen. «Ich habe zu Hause soviel geübt, Doktor. Ich schwöre, daß ich trainiert habe, zehn Minuten lang die Luft anzuhalten.»

«Daran liegt es vielleicht», erklärte ich hilfreich. «Bei einer Leiche ist der Mund geöffnet, und die Lippe hängt herunter, so ungefähr.»

«Oh, nicht, Doktor!» schrie Mrs. Noakes und schlug wieder die Hände vors Gesicht.

Keiner konnte mir widersprechen, ich war ein anerkannter Experte für Leichen. Mr. Wilbrahams machte den Vorschlag, ich solle privat mit Mr. Dale üben.

«Soll ich den Doktor vielleicht küssen?» fragte Mrs. Blessington.

«Warum?» wollte Mr. Wilbrahams wissen.

«Um meine Erleichterung zu zeigen.»

«Ich glaube, ein Küßchen auf die Wange müßte genügen», meinte Mr. Wilbrahams unsicher, als Mrs. Blessington meinen Kopf in beide Hände nahm und mir einen Kuß auf den Mund drückte.

«Die Leiche Ihres Mannes ist noch gar nicht kalt», sagte Mrs. Noakes kritisch.

«Das macht mich noch verdächtiger», klärte Mrs. Blessington sie auf. «Sollen wir es noch einmal probieren?»

«Ich glaube, der Kaffee ist fertig», warf Mr. Wilbrahams ein.

Auf der Herrentoilette ließ Mr. Wilbrahams seine Hose herunter, und ich stellte *tinea cruris* fest.

«Das ist so eine Art Fußpilz im Intimbereich», versicherte ich ihm aufmunternd.

«Ich war natürlich höchst beunruhigt, Doktor», murmelte er, obwohl ich ein untadeliges Leben führe.»

«Früher nannte man das die Indische Wäscherflechte, die man sich durch schmutziges Wasser zuzog – damals, als Indien noch das Juwel der Krone war. Ich kann Ihnen Tabletten geben.»

«Ich bin so erleichtert, Doktor», sagte er dankbar. Er zögerte. «Als Mann fühlt man sich durch so etwas irgendwie unrein, wenn man mit jemandem wie Mrs. Blessington spricht.»

Draußen wartete der Oberst, Mr. Collingwood (Versicherung), der fragte, ob ich nicht einen Blick auf seine Schwellung am Rücken werfen könnte.

Bevor ich ging, bestellte ich an der Theaterkasse bei Mrs. Fenwick (Lehrerin an der Beowulf-Gesamtschule) zwei Dutzend Karten für die Premiere.

«Du vergibst Freikarten, damit man dich am Pranger stehen sieht», bemerkte Sandra sarkastisch. «Das kommt mir wirklich wie der Gipfel des Exhibitionismus vor.»

Ich entschied, daß sie auf Mrs. Blessington eifersüchtig war.

18

Am nächsten Morgen brachte ich das gerichtsmedizinische Lehrbuch meines Sohns Andy zur Probe mit. Ich hatte allerdings das Gefühl, daß es Mr. Dale keine besondere Hilfe sein würde. Die Farbfotos auf jeder Seite trugen Unterschriften wie «Zwei Wochen alte Wasserleiche», «Verkohlte Überreste des Piloten», «Verweste Leiche mit Maden in einem Wohnwagen», und «Entfernung des Mageninhalts mit Löffel aus rostfreiem Stahl».

Mr. Dale machte große Augen, auch als er die Abbildungen «Sodomie mit Gewaltanwendung», «Normale Vergewaltigung» und «Starke Veränderungen im Brustbereich» sah.

«Ich bin sicher, daß Sie bei der Premiere so tot wie ein Sargnagel aussehen werden», sagte ich ihm zur Ermutigung.

«Ich werde weiter zu Hause üben, Doktor», stimmte er mir ernsthaft zu, «obwohl meine Frau sagt, daß ihr das langsam auf die Nerven geht. Sie hofft, daß ich annehmbarer aussehen werde, wenn ich wirklich einmal abkratze, weil unsere Verwandten sonst völlig aus der Fassung geraten würden.»

Als ich durch die Verandatür hereinkam, küßte mich Mrs. Blessington lang und sehnsüchtig.

«Valerie, Darling», bemerkte Mr. Wilbrahams nervös, «das Publikum wird allmählich den roten Faden verlieren.»

«Aber bin ich nicht eine leidenschaftliche Frau?»

Er zuckte die Schultern. Er war der bedauernswerte Maestro, der es mit einer überempfindlichen Primadonna zu tun hatte, die jeden Augenblick von der Bühne rauschen oder ihr Konto bei seiner Bank kündigen konnte.

Kurze Zeit hegte ich die Befürchtung, Mr. Wilbrahams würde die Kontrolle über seine Truppe verlieren. Die Requisiteurin, Mrs. Ellison (Robbins-Moden), drohte uns zu verlassen, weil Mrs. Blessington in der Szene, in der sie Mr. Dale tot auffand, im Bikini auftreten wollte – «Ich könnte doch gerade im Swimmingpool gewesen sein!» –, und Mrs. Noakes wollte einen schwarzen Minirock und ein Spitzenhöschen als Kostüm – «Das hat man damals getragen, meine Liebe.» Der Dorfpolizist, Mr. Harcourt-Lumsley (Gerichtsschreiber/Versicherungsmathematiker), der keine Dialogszene hatte, erklärte, daß seine Rolle ähnlich komisch ausgelegt werden müßte wie bei den Keystone Cops, und machte unaufhörlich Kniebeugen und kniff Mrs. Noakes in den Hintern.

Draußen war es drückend schwül geworden. Reverend Ron Flood entschuldigte sich, daß sich die Fenster nicht öffnen ließen; sie schienen während Reverend James Rumbolds langer Amtszeit stets geschlossen gewesen zu sein. Die Souffleuse zog mich zur Seite und gestand mir, sie verspüre ein Brennen in der Nierengegend. Da ich in der Garderobe nichts Abnormes feststellen konnte, bat ich sie, mir bei unserer nächsten Zusammenkunft eine Harnprobe mitzubringen.

Ich hatte mein Dutzend Karten großzügig verteilt; zehn von ihnen antworteten, daß sie furchtbar gern kommen würden, aber leider an diesem Abend gerade Bereitschaftsdienst hätten. Churchford schien die ärztlich bestversorgte Gemeinde des Landes zu sein. Dr. Quaggy sagte zu. Ich wußte, daß er zu geizig war, um auch nur den Kugelschreiber eines Arzneimittelvertreters zurückzuweisen.

«Aber du beschwerst dich die ganze Woche lang, wenn du ihn im Golfclub auf einen Drink einladen mußtest», bemerkte Sandra.

«Das ist mir die Sache wert. Es wird mir großes Vergnügen bereiten, ihn zu beobachten, wenn er den donnernden Applaus hört, den ich von meinen Mitbürgern bekomme. Bumbly Bill Hawsbury kommt auch.» Er war der älteste praktische Arzt in Churchford. «Er sagt, er ziehe alles diesem kretinhaften Blödsinn vor, den man jeden Abend im Fernsehen sieht.»

«Weißt du, daß Jim Whynn auch hingeht?»

Ich nickte. «Ich hab im *Echo* gelesen, daß er sich das neueste Stück der Churchforder Laienspielgruppe ansehen wird, weil er natürlich ein leidenschaftliches Interesse für die Kunst hegt; schließlich hat sie großzügige Zuschüsse von einer Regierung erhalten, die die Kultur unseres Landes noch vor unsere Wirtschaft stellt.»

«Ich wette, daß er sich davor drücken wird, jetzt, da der Artikel über ihn in unserer Lokalzeitung erschienen ist.»

«Gott weiß, was ich mit den restlichen Karten machen soll», sagte ich düster zu Sandra. «Wenn die ersten beiden Reihen im Zuschauerraum leer sind, sieht es so aus, als hätte das Publikum Angst, sich von uns irgendeine Krankheit zu holen.»

Kostümprobe.

Eine echte Verandatür. Es verwirrte mich, daß die Souffleuse, eine zusammengerollte Ausgabe des *Country Life* in der Hand, mich auf der Bühne wie ein Schatten verfolgte.

«Ich war vorher in den Diensten einer Herzogin», bemerkte Mrs. Noakes im ersten Akt und zeigte ihr Spitzenhöschen. «Glaubst du nicht, daß ich die *Herzogin* betonen sollte, Lionel? Um hervorzustreichen, daß es für mich ein Abstieg ist, für sie arbeiten zu müssen?»

«Aber, Helen, Darling, du hast das sehr schön gespielt», murmelte Mrs. Blessington. «Du sprichst *wirklich* wie ein Arbeiterkind, wenn du nicht versuchst, einen feudalen Akzent anzunehmen.»

«Ich danke dir, Valerie», sagte Mrs. Noakes eisig.

Die Handlung, die sich hinter der Bühne abspielte, war viel interessanter. Mrs. Noakes, deren Mann Badezimmereinrichtungen und Einbauküchen herstellte, stammte aus einer Reihenhaussiedlung an der Eisenbahnlinie und hatte die Beowulf-Gesamtschule besucht. Mrs. Blessington war zwischen Rhododendren und Tennisplätzen aufgewachsen und hatte die Privatschule St. Ursula absolviert. Da beide zu große Damen waren, als daß sie sich unter das gewöhnliche Volk der Laienspielgruppe gemischt hätten, hatten sie zwei Wochen lang eine Garderobe geteilt und waren einander allmählich auf die Nerven gegangen.

«Nebenbei bemerkt, Valerie, sollte ich *sehr wohl* wissen, wie Dienstmädchen reden, da ich doch selbst schon welche beschäftigt habe.»

Mrs. Blessington stimmte ihr sofort zu: «Ja, meine Liebe, Mädchen von einer Agentur, für einen Abend.»

«Aus Rücksicht auf meine Gäste», gab Mrs. Noakes schnippisch zurück. «Ich könnte da einige Abendessen erwähnen, bei denen der Ehemann von Martinis durchtränkt und die ganze Vorderseite eines nagelneuen Kleides mit dem Saft von Entenbraten begossen war.»

Mrs. Blessington starrte sie an. «Du weißt genau, daß unser Scheck schon am nächsten Morgen bei euch war.»

«Genau! Auf die Hälfte des Kaufpreises ausgestellt.»

«Oh, wirklich?» fragte Mrs. Blessington gleichgültig. «Wir dachten, du hättest es im Ausverkauf gekauft.»

Mrs. Noakes kreischte: «Ich mache diese kindische Scharade nicht länger mit!» und fegte von der Bühne zu ihrem Rolls.

Mrs. Blessington rief: «Gott sei Dank, daß sie diese egoistischen, ekelhaften Manieren zur Schau gestellt hat! Ich habe mich schon so danach gesehnt, meine Rolle in diesem unglaublich dummen Stück hinschmeißen zu können!» und fegte von der Bühne zu ihrem Mercedes.

Mr. Wilbrahams stand mit aschfahlem Gesicht da, als müßte er ganz allein mit einem bewaffneten Überfall auf seine Bank fertig werden.

Die Medizin lehrt einen, schnell zu handeln. Ich holte die beiden Damen auf dem Parkplatz ein.

Ich beschwichtigte sie mit dem Argument, daß alle Künstler sensibel seien – Garbo, Liz Taylor, Pamela Stephenson – und daß der Ausspruch «The Show must go on» ein ebenso bindendes Dogma sei wie der hippokratische Eid. Jede der beiden war bereits mehr auf sich selbst wütend als auf die andere. Sie hätten sich schwarz geärgert, wenn ihnen eine Gelegenheit entgangen wäre, bei der sie ungestraft ihrer Eitelkeit frönen, sich schamlos aufreizend zur Schau stellen konnten und für die sie teure neue Kleider gekauft hatten. Sie fielen einader sofort in die Arme, vergossen Krokodilstränen, und jede erklärte, wie reizend die andere doch wäre.

Wir probten den ersten Akt weiter. Die Souffleuse verfolgte mich noch immer mit dem *Country Life* in der Hand. Als ich durch die Verandatür die Bühne betrat, sah mich Mrs. Blessington verträumt an und gab mir noch einen langen Kuß, Mrs. Noakes küßte mich ebenfalls lange, wobei sie immer noch das Tablett mit den Kanapees festhielt. Mr. Wilbrahams starrte sie mit glasigen Augen an, wie ein Kapitän, der tapfer auf der Brücke ausharrt, während der Rest seines geliebten Schiffes schon von den Wellen umspült wird.

Während ich abging, übergab mir die Souffleuse unter dem Schutz des *Country Life* ein Marmeladenglas mit Urin.

Als ich nach Hause kam, sagte Sandra: «Oh, ich bin diese unerwünschten Karten losgeworden. Jilly organisiert eine Party mit Jungärzten des Krankenhauses. Jetzt, da dein Fanclub in den ersten beiden Reihen sitzt, solltest du kein Lampenfieber mehr bekommen.»

Mir rutschte das Herz in die Hose. Ich erinnerte mich aus meinen eigenen Tagen als junger Arzt noch gut daran, daß sie im Gegensatz zu den professionellen Kritikern ihrem Mißfallen mit schneidenden Zwischenrufen wie «Was für ein kompletter Mist!» und «Um Gottes willen! Laßt uns von hier verschwinden, bevor die Pubs dichtmachen» Ausdruck verleihen.

Premiere!

Ich spähte aufgeregt durch den Vorhang, während das Public Library Quartet im Orchesterraum eine Auswahl beliebter Ouvertüren zum besten gab.

Bumbly Bill Hawsbury, der in der zweiten Reihe saß, war schon eingeschlafen.

Sandra und Jilly saßen inmitten einer Gruppe von ungefähr einem Dutzend junger Männer und Frauen, die zeigten, wie wenig ernst sie unsere Darbietungen nahmen, indem sie aus den Programmen Papierschwalben falteten. Dr. Quaggys Plätze waren leer. Der Bühnenmeister tippte mir nachdrücklich auf die Schulter. «Eine Nachricht von Mr. Whynn. Es ist ihm unmöglich, zu erscheinen; unerwartetes Treffen mit dem Premierminister in der Downing Street.»

Der durch die Premiere ausgelöste Adrenalinstoß hatte Mr. Wilbrahams' fröhliche Seite aktiviert. Er hüpfte in einem Smoking mit hellblauem Spitzenhemd und knallroter Fliege herum, küßte unsere beiden Primadonnen, als sie aus ihrer Garderobe kamen – die aussah wie ein überladener Blumenladen – und lud jeden zur Champagnerparty nach der Vorstellung ein; zufällig wußte ich, daß es sich dabei um Samur-Sekt aus dem Supermarkt handelte.

Das Public Library Quartet beendete sein Gekratze. Die Beleuchtung im Zuschauerraum verlosch; die Lichter auf der Bühne gingen an. «Ach du meine Güte!» rief der Bühnenmeister. «Ich krieg den Vorhang nicht rauf.»

Mr. Wilbrahams, der Beleuchter – der junge Mr. Fignall (Videoverleih Ritzy) – und ich zogen gemeinsam an dem Seil. Es gab nach, und der Vorhang schoß hoch wie ein Rolladen. Sichtbar wurde Mr. Dale in Knickerbockern und einem Norfolk-Jackett, der mit dem Rücken zum Publikum nach oben starrte.

Donnernder Applaus.

Mr. Dale drehte sich mit einem kränklichen Lächeln um und eröffnete die Aufführung, indem er das bedeutsame Glas Gin-Bitter hob, damit es sich dem Publikum einprägte.

«Prost!» rief eine Stimme aus dem Zuschauerraum.

Lautes Gelächter.

Inspektor Dogged, gespielt von Mr. Attwell (Wirt des Gasthofs «The Three Feathers»), betrat von links die Bühne.

Donnernder Applaus. Ein paar Leute pfiffen auch und riefen: «Die letzten Bestellungen bitte!»

Mr. Dale und Mr. Attwell nahmen den Faden der Handlung auf, indem sie ein Gespräch darüber führten, wie sonderbar Mrs. Blessington sich doch in letzter Zeit benommen habe. Mr. Attwell ging links ab, und Mrs. Blessington kam von der Mitte her auf die Bühne.

Donnernder Applaus.

Mrs. Blessington fragte, wo die Kanapees seien, die dann von Mrs. Noakes von rechts gebracht wurden.

Donnernder Applaus.

Mrs. Blessington und Mrs. Noakes gingen ab. Mr. Dale nippte endlich an seinem Gin-Bitter, gab ein Geräusch wie eine schwere, jedoch defekte Maschine von sich und warf sich auf das Sofa – die Augen starr, der Mund geöffnet, sämtliche Glieder von sich gestreckt, und sah toter aus als jede Leiche, die mir je untergekommen war.

Ich wartete in den Kulissen mit einem komischen Gefühl im Magen.

Durch das Bühnenbild aus Leinwand konnte ich sehen, wie Mrs. Blessington Mrs. Noakes verwirrt befahl, den Arzt zu holen. Der Bühnenmeister zog nervös an dem Seil, durch das der Vorhang bewegt wurde. Plötzlich gab es ein «Rums», und ein Sandsack fiel von der Deckendekoration dem Beleuchter auf den Kopf. Vor den entsetzten Augen der Bühnenarbeiter Mr. Timberlyn (Geschäftsführer des Supermarkts) und Mr. Angus (Grundstücksmakler) stürzte er mit blassem Gesicht bewußtlos auf die Bodenbretter nieder und sah sogar noch lebloser aus als Mr. Dale.

«Mein Gott! Ich habe Ernest umgebracht!» rief der Bühnenmeister.

«Psssssst!» zischte die Souffleuse.

Ich sprang nach vorn, zum Kopf des Beleuchters. Er atmete noch, Puls normal, Gehirnerschütterung.

«Er lebt noch», versicherte ich allen.

«Der Arzt kommt, so schnell er kann, Madam», hörte ich Mrs. Noakes mit schriller Stimme ein paar Zentimeter von meinem rechten Ohr entfernt sagen.

«Er scheint Jahre zu brauchen, Trevers», bemerkte Mrs. Blessington in ähnlichem Tonfall, was zeigte, daß das unerwartete Rums und der dumpfe Aufprall hinter der Bühne sie beunruhigt und aus dem Konzept gebracht hatten.

Mr. Wilbrahams packte mich am Arm.

«Sie sind dran!» zischte er.

Ich zischte zurück: «Ich muß mich um meinen Patienten kümmern.»

Er zischte wütend: «Wollen Sie die Vorstellung schmeißen?»

Ich fuhr ihn scharf an: «Wollen Sie den Patienten umbringen?»

«Der Doktor kommt, so schnell er kann, Madam», informierte Mrs. Noakes Mrs. Blessington nochmals, die ihre Feststellung wiederholte: «Er scheint trotzdem Jahre zu brauchen, Travers.»

Mr. Wilbrahams zischte wie verrückt: «Treten Sie auf, gehen Sie wieder ab, und retten Sie ihn dann vor dem Tod.»

Ich zischte drohend zurück: «Oh, Sie wollen, daß ich einen Mord begehe?»

«Der Doktor *muß* doch kommen, so schnell er kann!» kreischte Mrs. Noakes.

«Er scheint wirklich eine Ewigkeit zu brauchen», stimmte ihr Mrs. Blessington hysterisch zu.

Ich hatte eine Idee. «Rufen Sie einen Arzt!» zischte ich Mr. Wilbrahams zu.

Ich kam mit meinem Koffer durch die Verandatür.

Donnernder Applaus.

«Aber da ist ja der Doktor», stellte Mrs. Noakes fest.

Das Publikum trampelte vor Begeisterung.

Ich war ganz durcheinander. Ich wußte zwar, daß ich gut, aber nicht, daß ich so gut war. Als ich dann die Jubelrufe, das Händeklatschen und Pfeifen und auch den Zwischenruf «Spät wie immer» hörte, dämmerte es mir, daß es ein Fehler war, als Arzt der Gemeinde einen Arzt zu spielen.

Das Publikum beruhigte sich.

Ich wollte gerade erklären, daß Mr. Dale eines natürlichen Todes gestorben sei, als Mrs. Blessington in ihrer Verwirrung eine halbe Seite übersprang und mich in einer innigen Umarmung umklammerte.

Donnernder Applaus, außer von Sandra, wie ich bemerkte.

Als ich mich freigekämpft hatte, fragte ich: «O Gott! Was ist mit Ihrem Mann passiert?»

Die Zeile kam ungeheuer gut an beim Publikum.

Mrs. Noakes küßte mich in ihrer Verwirrung. Mrs. Blessington küßte mich nochmals. Mr. Dale hüstelte. Im Saal herrschte jetzt eine Stimmung wie beim Galaabend der Komiker im Palladium; nur Sandra fand es noch immer nicht komisch.

Ich war überrascht, als auf einmal Bumbly Bill Hawsbury durch die Verandatür die Bühne betrat und brummte: «Wo ist der Patient?»

Mr. Dale sprang vom Sofa auf und rief beunruhigt: «Ich *spiele* nur einen Toten, Doktor Hawsbury.» Mrs. Blessington und Mrs. Noakes küßten Bill Hawsbury. Doktor Quaggy kam von links und fragte energisch: «Was ist hier los? Ich bin gerade erst gekommen.»

Mrs. Blessington küßte Doktor Quaggy. Zwei junge Männer kletterten auf die Bühne und verkündeten, daß sie Stationsärzte von der chirurgischen Abteilung des Krankenhauses seien, und fragten, ob sie mitmachen könnten. Doktor Quaggy fragte böse: «Ist das hier ein Schuljungenstreich, Richard? Ein solches Verhalten bei einem Kollegen hätte ich wahrhaftig nicht erwartet.»

Ich sagte: «Das ist eben Showbusineß.»

Ich hatte das komische Gefühl, daß er mich an jemanden anderen erinnerte.

Doktor Quaggy fuhr wütend fort: «Mir wurde gesagt, daß hier ein schwerkranker Mann liegt. Ich bin stolz auf meinen Sinn für Humor, aber das hier ist einfach geschmacklos.»

Er bemerkte Mr. Dale, der auf dem Sofa wieder seine Position als Leiche eingenommen hatte.

«Ah, da ist der Patient. Gut, wer nimmt die Herzmassage vor? Ich werde die Mund-zu-Mund-Beatmung durchführen.»

«Kommen Sie mir nicht zu nahe, ich bin gesund.» Mr. Dale sprang vom Sofa auf und ging durch die Mitte ab. Er stieß dabei mit Inspektor Dogged zusammen, der unter den Rufen «Sperrstunde, bitte!» erklärte: «Alles in Ordnung, ich habe einen Krankenwagen gerufen.»

Das Theater glich jetzt einem Stadion, nachdem Liverpool den Ausgleichstreffer erzielt hat. Nur Sandra tobte nicht mit.

Mrs. Noakes trat funkelnden Auges nach vorn ins Rampenlicht und rief: «Ihr undankbaren Scheißkerle!» und spuckte ins Publikum.

Die beiden jungen Ärzte küßten Mrs. Blessington. Mr. Wilbrahams kam in Hemdsärmeln durch die Verandatür und verkündete, er könne den Vorhang nicht herunterlassen, da der Sandsack Teil des Mechanismus gewesen sei; aber das Publikum könne an der Theaterkasse sein Geld zurückverlangen.

Ich sah, wie der Beleuchter sich in den Armen der Souffleuse aufrichtete und den Kopf schüttelte. Ich folgte dem Krankenwagen ins Hospital und ließ den Verletzten, der sich bereits zu erholen schien, in der Notaufnahme zurück.

Ich fuhr in die Foxglove Lane zurück. Sandra war im Wohnzimmer. Auf dem Tisch standen eine Flasche Talisker und ein Glas. Ich fragte sie, wie ihr die Aufführung gefallen habe.

«Du warst großartig», sagte Sandra ruhig.

Ich starrte sie an.

«Du warst der einzige, der nicht ärgerlich oder aufgebracht aussah, sondern einfach nur bedauernswert.»

Ich trank den Talisker. «Hat wirklich jeder sein Geld zurückverlangt?»

«Nicht ein einziger. Aber nur deshalb nicht, glaube ich, weil alle Zuschauer von den Darstellern Freikarten bekommen hatten. Darum war dieses Fiasko auch so traurig. Wie furchtbar die Laienspielgruppe auch sein mag – arbeiten die Amateurschauspieler nicht hart genug, um für ihre Freunde einen geselligen Abend zu veranstalten? Und was gibt es Herzzerreißenderes als einen geselligen Abend, der ein Flop wird?»

Ich stimmte ihr zu. Mrs. Noakes' letzte Bemerkung war einer der aufrichtigsten Sätze gewesen, die je auf einer Bühne geäußert wurden. Ich setzte aus heiterem Himmel hinzu: «Ich verstehe nicht, warum mich Mrs. Blessington und Mrs. Noakes andauernd geküßt haben.»

«Ich schon», erklärte Sandra. «Schließlich warst du die Vaterfigur im Ensemble. Mir ist schon oft aufgefallen, daß die beiden – wie viele deiner Patientinnen – dich mit amüsierter und geduldiger Zuneigung betrachten; genau wie deine eigene Tochter Jilly.»

Ich seufzte. *Torschlußpanik.*

19

In einem Monat würde meine Tochter Jilly heiraten.

«Sollen wir diesbezüglich irgend etwas unternehmen?» fragte ich Sandra eifrig am Frühstückstisch. «Im Garten ein Zelt aufstellen, zum Beispiel? Obwohl Gott weiß warum der Mittelstand unbedingt möchte, daß das Ganze noch zirkushafter aussieht, als es ohnehin schon ist.»

«Ich habe bereits eines bestellt, die Gästeliste zusammengestellt und die Einladungen drucken lassen.»

«Oh! Gut, ich bin äußerst froh, daß sich meine väterlichen Pflichten darauf beschränken, Schecks zu unterschreiben und den Champagner auszuwählen.»

«Ich bin erleichtert. Du hast in letzter Zeit auf alles so merkwürdig reagiert.»

Jilly kam nach unten. Sie verbrachte ihre wenigen freien Tage in der Foxglove Lane und war froh, aus den nüchternen Dienstzimmern des Krankenhauses in die Wohnung, die sie und Peter im südöstlichen Teil Londons gefunden hatten, umzuziehen. Peter hatte das Risiko einer schnellen Scheidung abgewendet, indem er zum Assistenzarzt am berühmten Royal Women's Hospital in Chelsea aufgestiegen war. Wie es aussah, würde er die goldene Leiter der Gynäkologie schneller und höher hinaufklettern als sein Vater. Im Geiste las ich bereits stolz Schlagzeilen wie: SIR PETER TAVERILL IM PALAST – DIE NATION WARTET.

«Es wird so angenehm sein für uns beide, selbst wenn wir Bereitschaftsdienst haben», sagte Jilly, während sie Kaffee einschenkte.

Ich war ganz würdiger Papa, als ich sie über den Rand der *Times* hinweg fragte: «Hast du ernsthaft vor, deine berufliche Laufbahn fortzusetzen, obwohl die Medizin mehr Eheprobleme verursacht als das liebe Geld?»

Sie antwortete energisch: «Ich will nicht bloß Arztgattin sein. Oh, entschuldige, Mama.»

«Doch nicht deswegen», murmelte Sandra.

«Der Gesundheitsdienst ist jedenfalls großzügig, was Mutterschaft und Karenz betrifft.»

«Es bleibt ihm keine andere Wahl», schnaubte ich. «Die britische Ärzteschaft wird binnen kürzester Zeit so von Frauen dominiert sein wie die russische.»

«Obwohl der einzig faire Weg, eine wirkliche Gleichberechtigung der Geschlechter zu erreichen, darin besteht», erklärte Jilly, «alle aufstrebenden jungen Männer dazu zu zwingen, zwei oder drei Jahre hintereinander einen neunmonatigen Urlaub zu nehmen. Ich muß unsere Flitterwochen buchen – wir fahren nach Griechenland, es soll aber keine Bildungsreise sein – und den Termin mit dem Vikar festsetzen. Glaubst du, daß es ihm etwas ausmacht, wenn wir von derselben Adresse aus zur Trauung fahren? Ich habe gehört, daß er liberaler ist als der alte Rumbold, der meinte, daß jeder, der auf dem Rasen um den Friedhof parkt, in die Hölle kommen würde.»

Sandra seufzte. «Als dein Vater und ich heirateten, waren meine Eltern einfach entsetzt über vorehelichen Geschlechtsverkehr.»

«Ich kann mich nicht daran erinnern», meinte ich, «an keins von beiden.»

«Was sagst du deinen jungen Patienten, die danach fragen?» fragte Jilly neugierig.

«Daß es keinen Unterschied macht, ob sie nach, vor oder gar während der Trauung miteinander schlafen.»

«Das spart eine Menge Ärger», stimmte Jilly zu.

«Also bin ich mit einem amoralischen Menschen verheiratet?» fragte Sandra.

«Oh, die Moral ist der unzuverlässigste Leitfaden für das, was richtig oder falsch ist», erklärte ich. «So viele Menschen verwechseln Moral mit ihren Vorurteilen. Ich meine, sieh dir das doch einmal an!» Ich zeigte auf die erste Seite der *Times*. «Das Ministerium schließt unser Dower House. Die Nachricht ist irgendwie durchgesickert.»

«Das Dower House? Es ist im Ort ziemlich beliebt», bemerkte Jilly zweifelnd.

«Es ist absolut fehl am Platz», widersprach ich. «Unbequem, verkehrsmäßig ungünstig gelegen und unhygienisch. Ich weiß, es ist ein wunderschönes georgianisches Haus in einer hügeligen Parklandschaft, aber die meisten Patienten werden in einem der hohen Anbauten dahinter untergebracht, die aus dem Zweiten, wenn nicht gar aus dem Ersten Weltkrieg stammen. Das einzig Positive daran ist, daß es weniger wie eine Strafanstalt aussieht als unser Krankenhaus. Man würde es als ungesunden Slum abstempeln, würden nicht sowieso nur Kranke darin wohnen.»

«Trotzdem wurde die halbe Kinderabteilung des Krankenhauses ins Dower House gepfercht», sagte Jilly scharf. «Und was den Gesundheitsdienst betrifft, so ist das Dower House ganz einfach ein Teil des Krankenhauses, auch wenn es am anderen Ende einer ungeschickt geführten Buslinie liegt.»

Sandra sah nachdenklich drein. «War das Dower House nicht das Churchford Cottage Hospital, bevor der Gesundheitsdienst die Leitung übernahm?»

Ich nickte. «Wo praktische Ärzte furchtbare Dinge taten: Sie führten Mandel-, Polypen-, Blinddarm- und Leistenbruchoperationen sowie andere Eingriffe durch, zu denen wir genausowenig befähigt sind wie die Laienspielgruppe, am Nationaltheater zu spielen.» Ich stand auf und sah auf die Küchenuhr. «Nye Bevan wird nie genügend dafür gewürdigt, daß er die Gesundheit unseres Volkes förderte, indem er die praktischen Ärzte unschädlich gemacht hat.»

«Guten Morgen, Doktor. Wie ich gehört habe, wird das Dower House verschwinden», begrüßte mich Mrs. Jenkins in der Praxis.

«Die vernünftigste offizielle Entscheidung, seit Florence Nightingale auf die Krim geschickt wurde.»

«Mr. Blackadder ist schon in Ihrem Sprechzimmer. Er hat etwas am Knie. Und rufen Sie bitte Mr. Whynn an. Er hat Husten und Fieber und macht sich Sorgen, daß es vielleicht etwas Ernstes sein könnte, weil er erst gestern abend von einer Reise in die Golfregion zurückgekehrt ist; zweifellos auf Kosten der Steuerzahler.»

Douglas Blackadder war in Wirklichkeit nicht wegen seines Knies gekommen, sondern wegen Annabel.

«Wußten Sie, daß sie letzten Freitag aus dieser schrecklichen Anstalt entlassen wurde?»

Ich runzelte die Stirn. «Nein! Ich habe nichts davon in der Zeitung gelesen.»

Douglas seufzte. «Leider hat man das Interesse an ihr verloren. Es geht ihr wie dem Popstar vom letzten Jahr. Sie findet, daß die Welt ganz schön hart zu ihr gewesen ist, nur weil sie sich ein oder zwei Tage lang dumm benommen hat. Jetzt, da sie dafür bezahlt hat, möchte sie das den Leuten auch mitteilen.»

«Die Presse mag sie vielleicht vergessen haben, aber Jim Whynn nicht», sagte ich herzlich. «Er hat versprochen, der Presse gegenüber eine Erklärung abzugeben, daß er ihr alles vergeben hat. Was ihr helfen würde, einen Job zu finden.»

«Das wäre wunderbar», rief Douglas. Er sah erleichtert aus. «Sie möchte nur einen Schlußstrich unter ihr bisheriges Leben ziehen und neu anfangen. Sie braucht einfache, handfeste Arbeit. Andernfalls, fürchte ich, wird sie irgendeiner politischen Organisation in die Hände fallen, die sie ausnutzen will, und dann gerät sie vielleicht in noch größere Schwierigkeiten.»

Ich fragte vorsichtig: «Hat das Gefängnis irgendwelche schlimmen Auswirkungen auf sie gehabt?»

Er lächelte schwach. «Nur einen Cockney-Akzent und die Angewohnheit, zu Hause auf all ihre Sachen aufzupassen, so, als könnten sie jeden Augenblick geklaut werden.»

Am späten Vormittag besuchte ich Jim Whynn, der zwar an einer akuten Bronchitis litt, aber ansonsten bester Laune war. Er saß in Hose und Strickjacke hustend in dem runden Wohnzimmer und war von einem Haufen Akten und Papieren umgeben. Ich versicherte ihm, daß es keinerlei Anzeichen für eine geheimnisvolle asiatische Krankheit gebe, und erkundigte mich höflich nach Charlotte.

«Sie ist ausgegangen, um ein bißchen diskrete Wahlwerbung zu betreiben. Wußtest du, daß sie hofft, einen Sitz in dem lokalen Hausarztkomitee zu bekommen?»

Ich zog ein erstauntes Gesicht. Jim lachte. «Sie wäre dann dein Boss, Richard. Es ist immens wichtig für mich, sie hier im Ort in einer angesehenen Position zu haben. Sie hat natürlich nicht die geringste Ahnung von ärztlicher Praxis. Aber das gilt doch auch für die Minister, wenn sie dazu ausersehen werden, den gesamten Gesundheitsdienst zu leiten.»

Ich wünschte Charlotte Glück und fügte hinzu: «Um auf diesen Platz im Komitee zurückzukommen, den du mir versprochen hast: Mir wäre viel daran gelegen, weißt du. Meine Tochter wird in ungefähr zwei Wochen heiraten, und das hat meine Gedanken wunderbarerweise in bestimmte Bahnen gelenkt. Ich möchte nicht bis ans Ende meines Lebens ärztlich tätig sein, aber wenn ich nicht weiterhin etwas Nützliches tun kann, würde ich mich umbringen.»

Er sah etwas verlegen drein. «Ich habe mit den Leuten vom Gesundheitsdienst nicht mehr viel zu tun. Unter uns gesagt, steht mir wahrscheinlich irgendwann in absehbarer Zeit ein Job im Verkehrsministerium ins Haus.»

Ich gratulierte ihm.

«Ich werde den alten Forditch aufsuchen und mein Bestes tun», versprach er. «Es dürfte eigentlich kein Problem sein. Ja, das mit dem Posten im Verkehrsministerium ist wirklich eine gute Nachricht», überlegte er ernst. «Eine Kerbe in der glitschigen Kletterstange.»

Ich sagte: «Wie ich sehe, fördert die Regierung die medizinische Versorgung Churchfords, indem sie eines der Krankenhäuser schließt.»

«Oh, ist es durchgesickert?» fragte er leichthin. «Es ist immer besser, solche Dinge inoffiziell verlauten zu lassen. Dann können wir nämlich noch heraus, falls sich die ganze Aufregung nicht lohnt.»

Ich warnte ihn: «Das wird die politischen Gemüter in Churchford erhitzen. Die Schließung eines Krankenhauses sorgt immer für Aufregung. Unnötig, sich darüber zu beklagen, daß unsere Krankenhäuser so angenehm überfüllt sind wie die Pubs.»

«Hat Bertie Bullivant das noch nicht aufgegriffen? Er ist ganz schön langsam, ein lascher Bursche von einem Politiker.»

«Es ist ihm gerade erst zu Ohren gekommen», erklärte ich.

«Nein, wir haben schon vor Wochen beim Essen einen Handel bezüglich des Dower House abgeschlossen», klärte Jim mich auf. «Ich habe Bertie ein pikantes lokales Thema angeboten, das er ausschlachten kann, wenn er über die geplante Straße, die durch die Arbeitersiedlung auf der London Road führen wird, den Mund hält.»

«Aber das würde einen Riesenaufstand geben», meinte ich beunruhigt. «Die Häuser sind gerade erst gebaut worden.»

«Solche kleinen Peinlichkeiten können immer auftreten, wenn die Straßen vom Verkehrsministerium und die Städte vom Umweltministerium geplant werden», sagte Jim lässig. «Die Gewerkschaften werden sich furchtbar aufregen, und zwar ganz zu Recht. Aber Bertie sieht wie jeder vernünftige Mensch ein, daß eine Abkürzung zum künftigen Kanaltunnel für die britische Industrie lebenswichtig ist. Unter uns gesagt, wir haben für unser Land eine Menge Gutes getan. Die Zusammenarbeit zwischen Regierung und Opposition ist eine große Stärke der britischen Politik.»

«Und du kommst ins Verkehrsministerium?»

«Ja, obwohl ich das Bertie gegenüber natürlich nicht erwähnt habe.»

Ich gab ihm das Rezept. «Die kleine Annabel Blackadder ist letzte Woche aus dem Gefängnis entlassen worden.»

«Gott sei Dank scheint die ganze Affäre jetzt vorbei zu sein», sagte er teilnahmsvoll.

Ich erinnerte ihn: «Du hast gesagt, daß du ihr helfen würdest, ein neues Leben anzufangen.»

Er sah mich überrascht an. «Obwohl sie mein eigenes ruiniert hat?»

«Aber es ist doch alles ganz gut für dich ausgegangen.»

«Nur, weil ich dem Premierminister einen phantastischen Vorwand geliefert habe, um einen dummen Minister zu feuern.»

Mir war unbehaglich zumute. «Annabel hat dafür ganz schön teuer bezahlt.»

«Ich persönlich finde, man hätte sie noch länger einsperren sollen. Es sickern weitaus mehr Dinge über uns durch, als wir selbst Dinge durchsickern lassen. Wie kann die Öffentlichkeit erwarten, effizient regiert zu werden, wenn sie genau weiß, was die Regierung als nächstes tun wird?»

Enttäuscht verabschiedete ich mich. Ich fragte mich, ob Churchill jemals seine Prinzipien so bereitwillig über Bord geworfen hatte.

Sandra war mit Jilly in London, um das Hochzeitskleid und ähnliches einzukaufen. Als ich nach der Abendsprechstunde nach Hause kam, fand ich sie im Wohnzimmer vor, inmitten von teuer aussehenden Paketen.

Ich schenkte mir einen Lagavulin ein.

«Die Schließung des Dower House wird die größte Sensation in Churchford sein, seit der Landvogt versucht hat, seine Frau zu ermorden», berichtete ich. «Quaggy hat mich dreimal angerufen, um mir zu sagen, wie entrüstet alle praktischen Ärzte sind.»

«Aber im Krankenhaus gibt es doch eine ausgezeichnete Mutter-Kind-Abteilung», meinte Sandra geistesabwesend, während sie die Pakete auspackte.

«Ja, und jetzt will der Gesundheitsdienst durch die Schließung des Dower House beim Ausbau Geld einsparen. Aber die Leute regen sich immer auf, wenn es um Mütter und Säuglinge geht, die zu den wenigen unbefleckten Gütern unserer Gesellschaft gehören.»

Es klingelte an der Tür. Draußen stand Reverend Ron Flood.

«Ich sah Ihr Auto vorbeifahren, und da ist etwas, weswegen ich dringend mit Ihnen sprechen muß. Da Jilly heute morgen mit mir über die Trauung geredet hat, fand ich, ich könnte auf einen kurzen Plausch vorbeischauen.»

Sein Besuch paßte mir gar nicht, aber ich bot ihm gastfreundlich einen Drink an.

Er lächelte. «Die Leute offerieren einem Geistlichen *immer* Sherry, aber ich hätte lieber einen Whisky. Doktor, Sie und ich könnten zusammen in Churchford große Dinge vollbringen.»

«Gut», sagte ich.

Sandra räumte die Einkäufe weg, um Reverend Ron Flood auf dem Sofa Platz zu machen. Er trug ein offenes rosa Hemd und Jeans und Sandalen wie die Apostel. Reverend Rumbold hatte zu jeder Jahreszeit denselben schweren dunklen Anzug mit dem steifen Kollar getragen, das im Laufe der Jahre unserer Bekanntschaft immer weicher und gelber wurde – wie seine Zähne.

«Doktor, sind Sie praktizierender Christ?» fragte Reverend Ron Flood mich ernst.

«Ich bin Voltairianer.»

Er sah mich verwirrt an.

«Wenn es keinen Gott gäbe, müßte man ihn erfinden», zitierte ich. «Angenommen, wir hätten ihn erfunden. Würde das das geringste an unserem Verhalten, an unserer Verehrung oder dem Trost der Religion ändern? Ist es nicht egal, ob Gott die Welt erschaffen hat oder ob sie durch einen enormen Zufall entstanden ist?»

«Entschuldigen Sie, Doktor, aber ich bin nicht geneigt, tiefgründige theologische Diskussionen zu führen. Mein Vorgänger – ein konventionellerer Mann, als ich es bin – gab mir einen geistlichen Rat: «Laß dich nie auf einen Streit über die Existenz Gottes ein.»

Sandra fragte: «Fühlen Sie sich im Pfarrhaus wohl, Mr. Flood? Ich meine, so ganz allein?»

«Alles bestens. Ich lebe so schlicht wie ein Goldfisch.» Eifrig wandte er sich mir wieder zu. «Ein Gedanke hat in mir Gestalt angenommen, seit ich entdeckt habe, daß wir Nachbarn sind; die Zusammenarbeit zwischen Kirche und Medizin. Schließlich wäre sie historisch begründet. Jesus war ein Heiler.»

Ich stimmte ihm zu: «Er hat gute Erfolge bei Leprakranken erzielt.»

«Kennen Sie den Bischof von Hindchester?»

«Den Gesundheitsapostel?»

Er nickte lebhaft. «Er sagt, daß die Hälfte der Krankheiten, mit denen es ein praktischer Arzt zu tun hat, psychischer und nicht physischer Natur sind. Angst, Streß, Schuldgefühle und so weiter.»

«Oh, da stimme ich Ihnen zu.»

«Und das sind Probleme, denen der Arzt durchschnittlich nur ungefähr fünf Minuten seiner Zeit widmen kann.»

«Ich bin völlig Ihrer Meinung.»

Selbstbewußt fuhr er fort: «Warum sollte man solche Fälle nicht zum Vikar schicken? Ich bin sicher, daß ein ruhiges, befreiendes Gespräch mit mir die gleiche Wirkung hätte wie ein Beruhigungsmittel.»

«Sie haben völlig recht», sagte ich und stand auf, in der Hoffnung, daß ich ihn nun loswerden würde.

«Möchten Sie noch einen Whisky, Mr. Flood?» fragte Sandra.

«Wie liebenswürdig.»

Als der Reverend nach dem zweiten Lagavulin ging, beschwerte sich Sandra: «Es hat lächerlich geschwollen geklungen, was du da mit diesem netten jungen Mann geredet hast.»

«Jeder redet geschwollen, wenn er es mit Geistlichen oder Schuldirektoren zu tun hat. Ist dir das noch nicht aufgefallen?»

«Jedenfalls neigen Ärzte eher dazu, sich wie der liebe Gott zu benehmen, als an ihn zu glauben», schimpfte sie.

«Wo zwei Ärzte sind, sind zwei Atheisten. Das sagten bereits die alten Römer.»

«*Du* glaubst nicht an Gott.»

«Aber ja. Er ähnelt einem sehr anständigen, aber etwas mürrischen alten Golfclubmitglied mit Bart.»

«Ich frage mich, warum der Vikar nicht verheiratet ist», grübelte Sandra. «Er hat doch ein nettes Haus und einen guten Posten.»

«Wie Jane Austen heute sagen würde: ‹Es ist eine allgemein anerkannte Wahrheit, daß ein alleinstehender Mann mit einem anständigen Vermögen total andersrum sein muß›.»

«Allmählich wirst du so hartherzig wie ein Verkehrspolizist», sagte sie vorwurfsvoll. «Der Vikar hat sich so bemüht, hilfsbereit zu sein, und du hast ihn nicht im geringsten ermutigt.»

Ich erklärte: «Wir Ärzte stehen schon von jeher der Kirche mißtrauisch gegenüber. Beide haben das bewundernswerte Ziel, die Menschen glücklich zu machen; aber während wir die Menschen so nehmen, wie sie sind, nimmt sie die Kirche, da sie natürlich immer ins Jenseits blickt, wie sie sein sollten.»

«Siehst du!» rief Sandra aus. «Schon wieder redest du so geschwollen.»

Ich entgegnete resigniert: «Das ist das bevorzugte Laster eines Mannes mittleren Alters. Im Gegensatz zu Eitelkeit, Bigotterie oder Gemeinheit löst es nur Gelächter aus.»

«Warum schickst du nicht wirklich deine Neurotiker zu ihm?»

«Mein Gott, wenn ich das täte! Der arme Kerl hätte nicht mehr genug Zeit, um aufs Klo zu gehen, geschweige denn, um zu beten.»

20

Meine erste Patientin am nächsten Morgen war Mrs. Gladwin. Sie war eine spröde, schlanke Blondine, trug eine einfarbige Bluse mit dunklem Rock und litt unter Angstzuständen, Kopfschmerzen und Herzklopfen. Sie wollte mehr Valium.

Ich griff automatisch nach meinem Rezeptblock und fragte: «Fühlen Sie sich wirklich weniger ängstlich, seit Sie diese Kapseln nehmen?»

«Ich schon, aber mein Mann nicht. Es regt ihn ganz schön auf, daß ich höchstwahrscheinlich für den Rest meines Lebens von Beruhigungsmitteln abhängig sein werde. Außerdem werde ich nachmittags immer so schläfrig – Sie wissen doch, daß ich halbtags bei ihm als Rezeptionistin arbeite? Jedenfalls gähne ich den Kunden mitten ins Gesicht.»

Mr. Gladwin war Teilhaber eines alteingesessenen Churchforder Steuerberatungsbüros, dessen Räume über den Geschäften in der High Street lagen.

Ich fragte: «Sind Sie eine gute Christin?»

Sie sah mich verdutzt an. «Na ja, ich bin kirchlich getraut worden.»

«Ich bin sicher, daß sich Ihr Zustand bessern würde, wenn Sie den Vikar von St. Alphege aufsuchten.»

«Was weiß er über meinen Zustand?» fragte sie scharf.

«Ihre Symptome lassen sich möglicherweise auf seelische Störungen zurückführen, Mrs. Gladwin.»

Sie holte tief Luft. «Fahren Sie fort!»

«Und wir alle wissen, daß das seelische Befinden sich auch auf den Körper auswirkt, nicht wahr?»

Sie nickte und sah mich bestürzt an.

«Der Vikar ist vielleicht in der Lage, Sie mit einem verständnisvollen Gespräch zu beruhigen. Das würde Ihnen viele starke Tabletten ersparen, die Ihren Mann aufregen, einen schlechten Eindruck auf seine Klienten und der Regierung durch ihren hohen Preis Sorge machen.»

Sie wandte ein: «Aber das kann doch nicht richtig sein, wegen meiner Kopfschmerzen zum Vikar zu gehen!»

«Die Kirche beschäftigt sich schon seit undenklichen Zeiten mit solchen Dingen», versicherte ich ihr. «Warum auch nicht? Vielleicht vollbringt der Vikar ein Wunder. Es kann auf keinen Fall schaden.»

«Ich glaube, es wird immerhin ein Zeitvertreib sein», stimmte sie mir zweifelnd zu.

In dieser Nacht hatte ich begonnen, Reverend Ron Floods Angebot mehr Wohlwollen entgegenzubringen. Auf diese Weise könnten meine ermüdenden Patienten und ich uns einen Urlaub voneinander gönnen. Normalerweise bewerkstelligte ich dies, indem ich sie zu Walter Elmsworthy ins Krankenhaus schickte; aber im Gegensatz zu einem Psychiater kostet ein Geistlicher den staatlichen Gesundheitsdienst überhaupt nichts. Und schließlich war der Vikar, genau wie ich, ein Profi. Der einzige Unterschied zwischen uns bestand darin, daß seine Arbeit durch den Tod eines Patienten nicht im geringsten behindert wurde.

Am nächsten Morgen kam Mrs. Vince in meine Sprechstunde. Sie war mollig, rothaarig, geschieden und Geschäftsführerin im Dingley Dell Coffee Shop in der High Street. Sie litt unter Angstzuständen, Kopfschmerzen und Herzklopfen. Sie wollte mehr Valium.

«Können Sie die Dosis nicht erhöhen, Doktor?» fragte sie munter. «Ich mag das Zeug, ich mag es.»

Ich griff automatisch nach meinem Rezeptblock, dann aber zögerte ich.

Ich fragte: «Sind Sie eine gute Christin?»

«Wir haben eine Sammelbüchse für die Kinderhilfe.»

«Möchten Sie nicht einmal den Vikar von St. Alphege aufsuchen?»

«Warum?»

«Die Kapseln sind keine Schokoladenbonbons, wissen Sie. Sie wollen doch nicht für den Rest Ihres Lebens davon abhängig sein? Der Vikar könnte mit einem guten Gespräch unter vier Augen Ihren Problemen auf den Grund gehen.»

Sie schenkte mir ein träges, fragendes Lächeln. «Kann nicht behaupten, daß ich mit einem Vikar schon mal ein Gespräch unter vier Augen geführt hab.»

«Ich versichere Ihnen, daß die Kirche genauso erpicht darauf ist, das Leid in der Welt zu lindern, wie eine Kreditkartenfirma, den Menschen Geld zu leihen.»

«Man muß alles einmal ausprobieren», lachte sie. «Und ich *muß* diese Kopfschmerzen einfach loswerden. Meine Freunde finden mich anscheinend furchtbar langweilig, wenn ich gerade welche habe.»

Nach der Sprechstunde schaute ich beim Krankenhaus vorbei, um die von mir angeforderten Laborbefunde über die Viren, die Jim Whynns Brust befallen hatten, abzuholen.

Auf dem Parkplatz sah ich meinen Patienten Syd Farthingale, Vertrauensmann des Verbandes für Angestellte im Gesundheitswesen, der dem Volk – einem armseligen Haufen von etwa zwölf Leuten, die sich um das Transparent ‹Rückenschmerzen, um unsere Krankenhäuser zu retten› scharten – eine leidenschaftliche Rede über seine Solidarität mit kranken Babys hielt.

Als ich zum Mittagessen nach Hause fuhr, hatte ich ein merkwürdiges Erlebnis.

Der Motor meines Wagens starb ab, als ich mich der Kreuzung am Ende der Foxglove Lane näherte. Ich fluchte, ich drehte den Zündschlüssel, trat aufs Gaspedal, hämmerte aufs Lenkrad, während die Autos hinter mir ein hilfreiches Hupkonzert veranstalteten. Der Motor meines Wagens sprang wieder an, ich legte den Gang ein und – o Schreck! Ein Lastwagen fuhr in das Auto vor mir. Aber einen Moment lang – wie merkwürdig – war ich der Mann, der aus dem zerbeulten Auto stieg, sich mit einer Hand an den Kopf faßte und die andere zur Faust ballte und in Richtung des Lastwagenfahrers deutete.

Ich hielt nicht an. Die Besatzungen der Krankenwagen sind großartig, und ich wollte mein Essen. Es kam mir vor, als sei Gott am himmlischen Telefon gewesen und hätte auf seine liebenswert barbarische Art gefragt: «Wer ist für den Verkehr da unten verantwortlich? Wer? Oh, Jehu, natürlich. ‹Denn er fährt wahrlich ungestüm› – darauf hast du mein Wort. Wirf mal ein schützendes Auge auf den guten Doktor, Jehu. Er spielt uns ja in die Hände.»

Später, als ich mich mit einem abendlichen Glenfiddich hingesetzt hatte, dachte ich darüber nach, daß das Gebet eine weniger verhemmte, lästige Angelegenheit wäre, wenn es allen Menschen so vorkäme, als riefen sie ihren netten Gott von nebenan über ein System himmlischer Zauberei an, das jenes des britischen Telefonnetzes noch übertrifft.

Ich sah Ihn vor mir, wie Er in einem Anzug aus grobem Tweed mit kanariengelbem Pullover und Klubkrawatte an seinem riesigen Mahagonischreibtisch saß und den Hörer abnahm.

«Hier Gott.»

«Guten Abend, Gott, hier spricht ...»

«Ich weiß natürlich, wer spricht», sagte er mürrisch.

«Ich wollte mich dafür bedanken, daß du mir heute morgen das Leben gerettet hast.»

«Gern geschehen. Für einen netten Kerl machen wir gern ein paar Umstände.»

«Würde es dir passen, wenn ich fragte, ob einer meiner Patienten in nächster Zeit zu dir in den Himmel kommen wird?»

«Wir wollen mal sehen. Nein, im Augenblick hast du eine weiße Weste, ich habe niemanden auf der Liste. Ich werde nie verstehen, warum ihr Sterblichen soviel Theater um den Tod macht. Es ist das einzige unausweichliche Ereignis in eurem Leben, und ihr könnt nicht das geringste dagegen tun. Es ist genauso dumm, darüber zu weinen, daß man in hundert Jahren nicht mehr am Leben sein wird, wie darüber, daß man vor hundert Jahren noch nicht auf der Welt war. Ich habe das einer Reihe von französischen Philosophen in den Mund gelegt. Einer von ihnen hatte extrem schlechte Manieren; deshalb glaube ich, daß niemand von ihm Notiz genommen hat. Wie dem auch sei, auf diese Weise hat Mrs. Huntington-Hartley jedenfalls genug Arbeit. Hast du noch etwas auf dem Herzen, wenn du schon da vor mir kniest?»

«Ich fürchte, du bist ohnehin mit Bitten überschwemmt», sagte ich demütig.

«Das meiste ist Routinearbeit, weißt du, wie zum Beispiel die Gesundheit der königlichen Familie, Kriege und Aufstände, Arme und Kranke, meine Religionsdiener – und großer Gott, das heißt meine Wenigkeit! Für einige von ihnen sollte man beten.»

Ich lachte.

«Was ist so komisch?» fragte Sandra.

«Wir haben kleine Witze gemacht.»

Sie runzelte die Stirn. «Wer ist wir?»

«Ich habe mich mit Gott unterhalten.»

Schweigen.

«Liebster, äh, das ist doch Schizophrenie, nicht wahr?»

Ich sagte nichts darauf. Es gibt vieles in einer Ehe, das sich nicht zu erklären lohnt.

Mrs. Gladwin erschien am nächsten Morgen in der Praxis, mit roten Flecken auf den Wangen.

Sie saß auf dem Behandlungsstuhl und sagte: «Also, wirklich!»

«Haben Sie den Vikar besucht?» fragte ich.

«Können Sie sich das vorstellen? Ich war kaum im Pfarrhaus – natürlich war ich nervös, schließlich befindet man sich nicht alle Tage in einer solchen Umgebung –, als er auch schon begann, mich nach den Sünden zu fragen, die ich in der letzten Zeit begangen hätte. So eine Frechheit!»

Ich kräuselte die Lippen. Es war wahrscheinlich genauso gewesen, als fragte ich einen Patienten bei der Begrüßung höflich nach seinem Gesundheitszustand.

«Was haben Sie darauf gesagt?»

«Daß ihn das nichts angeht», erzählte sie mir beherzt. «Und er sah so streng drein und meinte: ‹Es geht mich alles etwas an. Sünden sind mein Beruf.› Ich antwortete: ‹Der Doktor hat mich wegen meiner Kopfschmerzen zu Ihnen geschickt und nicht wegen meiner Sünden.› Und er sagte: ‹Ja, aber vielleicht sind Ihre Sünden die Ursache für Ihre Kopfschmerzen? Und wenn Sie mir alles beichten, können wir ihnen auf den Grund kommen.›»

Mrs. Gladwin hielt inne, die Hände krampfhaft im Schoß gefaltet.

«Ich meine, Doktor», fuhr sie zögernd fort, «ich hatte doch sicherlich nicht die Absicht, ihm von meiner Affäre mit dem Fernmeldetechniker zu erzählen, über die Sie mir hinweggeholfen haben. Erinnern Sie sich noch, als ich so tun mußte, als ginge ich zu einer ärztlichen Untersuchung. Oh, ich habe mich damals so furchtbar gefühlt. Ich meine, mein Mann könnte davon erfahren. Ich würde das ja nicht einmal Erzbischof Runcie beichten», schloß sie entrüstet. «Was soll ich jetzt tun, Doktor?»

Ich griff automatisch nach meinem Rezeptblock. «Nehmen Sie eine größere Dosis Valium!»

Mrs. Vince kam kichernd in die Abendsprechstunde.

«Wie war's beim Vikar?» fragte ich herausfordernd.

Sie sagte munter: «Sie kennen auch alle möglichen Leute, was?»

Ich hob die Augenbrauen.

«Ich hab mich ein bißchen zurechtgemacht; man wird ja schließlich nicht alle Tage an einen solchen Ort eingeladen. Ich war kaum im Haus, als er auch schon sagte: ‹Beichten Sie mir Ihre Sünden!› – ‹Na so was!› sagte ich.»

Sie lachte. Ich fragte ohne große Hoffnung, was sie als nächstes getan habe.

«Oh, ich habe sofort bemerkt, daß er ein bißchen Spaß haben wollte», erklärte sie. «Ich bin ja nicht von gestern. Also hat er ihn auch gekriegt.»

«Wie hat er reagiert?»

«Er konnte nicht genug davon kriegen.»

«Wenn man Übung hat im Umgang mit Sünden, war das ganze wohl wie ein Tennisspiel gegen einen guten Gegner, nehme ich an?»

«Ich hab mir also welche ausgedacht», fuhr sie begeistert fort. «Er saß einfach nur da, den Mund weit geöffnet, und machte alle Augenblicke ‹puh›. Ich muß immer daran denken, daß man mir in der Schule sagte, ich hätte eine lebhafte Phantasie.»

Ich griff nach meinem Rezeptblock. «Möchten Sie mehr Valium?»

«O nein, ich glaube, ich brauche kein Valium mehr, wirklich nicht.»

Ich stellte bewundernd fest: «Das war ein recht gutes Ergebnis nach nur einem Gespräch.»

«Aber ich gehe doch wieder hin», belehrte sie mich grinsend. «Er ist so lieb.»

Ich traf meinen geistlichen Kollegen am nächsten Samstagmorgen. Bert Bullivants Protestkundgebung im Rathaus gegen die herzlose Vertreibung von Müttern und Kindern aus dem Dower House hatte sich zu einer Massendemonstration entwickelt, wodurch es zu einem Verkehrschaos in der High Street gekommen war. Ich saß in meinem Wagen, rauchte und bemerkte unter den Fahnen und Transparenten, die über den zusammengedrängten Köpfen wehten, auch welche mit der Aufschrift «Freiheit für Lesben» und «Softe Schwule», die, glaube ich, nicht gerade direkt mit Geburtshilfe und Kinderpflege zu tun hatten.

Als der Polizist mich weiterwinkte, sah ich Syd Farthingale und Bert Bullivant – ein kleiner, dicker Mann mit dünnem Schnurrbart, der einen korrekten braunen Anzug und eine Brille mit großen runden Gläsern trug. Er sah aus wie ein gestrenger Lehrer, der nervös einer widerspenstigen Klasse gegenübersteht. Über die mit Geranien bepflanzten öffentlichen Anlagen hinweg hielten die beiden den Demonstranten Reden. Neben ihnen stand Reverend Ron Flood, der, wie ich später erfuhr, in seiner Botschaft die Regierung dazu aufforderte, ihre starre Haltung aufzugeben und alle Krankenhäuser des staatlichen Gesundheitsdienstes offenzulassen, selbst wenn es keine Patienten gab. Ich dachte nachsichtig, daß er nicht der einzige unter diesen modernen ungestümen Priestern war, die dann viel weniger heiß aßen, als gekocht wurde.

Ich war überrascht, als er mich abends zu Hause aufsuchte. Er sah aus, als hätte er so viele Sünden begangen, wie es Rosinen im Weihnachtspudding gibt.

«Ihr Beruf, Doktor, ist vielleicht doch schwieriger, als es zunächst aussieht», begann er unbeholfen und nahm dankbar einen Old Fettercairn entgegen.

«Oh, da stimme ich Ihnen völlig zu.»

«Ich habe die ganze Woche hindurch mein Gewissen erforscht, wie ich die kleine Mrs. Gladwin nur so aus der Fassung bringen konnte.»

«Ich glaube, sie ist ein bißchen empfindlich in bezug auf ihre Sünden.»

«Aber, ich habe doch nur versucht, ihre inneren Spannungen zu lösen, indem ich sie dazu ermunterte, ihre Schuldgefühle offen mit mir zu besprechen.» Er lehnte sich mit ernstem Gesicht nach vorn. «Freud hätte doch sicherlich das gleiche getan, wenn er der Vikar von St. Alphege gewesen wäre?»

Ich stimmte ihm aus ganzem Herzen zu.

«Ich habe im Seminar ernsthaft Psychologie studiert, wissen Sie. Aber ich kann und kann nicht begreifen, warum Mrs. Gladwin mir mit einer Blumenvase eins über den Schädel gegeben hat.»

Ich verlieh dem Wunsch Ausdruck, die Verletzung möge nur oberflächlich sein.

«Die Beule habe ich immer noch. Aber Mrs. Vince –» Er hielt inne. «Sie hatte keine solchen Hemmungen.»

Er starrte auf seine Zehen in den Sandalen. «Sie könnte einem jungen Geistlichen vermutlich vieles beibringen, was er im Seminar nie gelernt hat.»

«Sie könnte wahrscheinlich auch einem jungen Arzt vieles beibringen, was er während seines Medizinstudiums nie gelernt hat», pflichtete ich ihm großzügig bei.

«Sie schlug mir vor, ich solle ihre Kopfschmerzen durch Handauflegen heilen. Dagegen ist doch nichts zu sagen?» Er holte tief Luft. «Bei ihrem nächsten Besuch – das war zufällig am nächsten Tag – machte ich ihr, als wir uns gerade mit ihren Sünden beschäftigten, den Vorschlag, eine Pause einzulegen und eine Tasse Tee zu trinken. Sie sagte: ‹Oh, wie nett.› Ich ging in die Küche, um den Tee aufzugießen. Dann brachte ich die Kanne hinein – und ließ das Tablett fallen. Sie saß, wie man so sagt, ‹oben ohne› da.»

«Das ist eine ziemlich läßliche Sünde», entgegnete ich. «Zerbrochene Bierflaschen am Strand sind weitaus gefährlicher.»

«Ja, aber sie wollte, daß ich ihr Herzklopfen auch durch Handauflegen kurieren sollte. Das kann sich ein Geistlicher doch wirklich nicht erlauben.»

«Da muß ich Ihnen zustimmen», sagte ich teilnahmsvoll.

«Ich glaube, ich sollte die ärztliche Betreuung lieber lassen, Doktor.»

«Ich bin mit Ihnen voll und ganz einer Meinung.» Ich stand auf. «Es tut mir leid, daß ich Ihnen keinen Whisky mehr anbieten kann, aber das Telefon klingelt, und ich habe Bereitschaftsdienst.»

Es war Jim Whynn. Er fühlte sich gesund, fragte aber, ob ich nicht Sonntag morgens zu ihm kommen und ihn noch einmal untersuchen könnte.

Es war Frühstückszeit, als ich bei ihm eintraf. Er lief in dem runden Wohnzimmer wütend auf und ab.

«Sieh dir das an!»

Er zeigte mit dem Finger auf jene Zeitung, die fast unser beider Leben zerstört hätte.

«Lord Churchford? Ja, ich habe sein Bild auf der ersten Seite gesehen», bemerkte ich.

«Er hat kein Recht zu leben; er sollte längst tot sein. Ich dachte, er sei schon seit Jahren tot. Wie alt ist er? Neunundneunzig? Einhundertzwanzig? Er hätte bei der Greisenparty vom *Echo* den ersten Preis gewinnen können.»

«Ich habe auch gedacht, er sei tot. Einer meiner Patienten. Ich hab ihn seit fünf Jahren nicht mehr gesehen; damals hatte er sich beim Baumfällen ein Handgelenk verstaucht. Er muß so zäh sein wie ein Karamelbonbon.»

Jim schnappte die Zeitung und starrte auf das Foto von Lord

Churchford; der Gentleman glich darauf einem Walroß, das nach mehrern Jahrhunderten im Moor entdeckt worden war.

Lord Churchfords aggressive Reaktion auf die Schließung des Dower House war wüst, hinterhältig und großartig. Die Regierung hätte vergessen, daß Nye Bevan – ein persönlicher Freund, ein charmanter Kerl, der von vielen mißverstanden wurde; es war wirklich eine Schande, daß man ihn die Stufen zum White Club hinuntergestoßen hat, weil er 1948 die Tories als schlimmer als jedes Gesindel bezeichnet hatte – das Dower House als hochgeschätztes Darlehen an den neugeschaffenen Gesundheitsdienst entgegengenommen hatte. Das Dower House sei auf ebenso entschlossene Art und Weise unabhängig wie andere Krankenhäuser, in denen besonders Katholiken, Freimaurer, Gewerkschaftsmitglieder und Frauen Aufnahme fanden.

«Ist dieses Argument absolut stichhaltig?» fragte Jim ungeduldig.

Ich nickte. «O ja, es waren komische Vögel, die Nye Bevan nur zu gern aus dem nationalen Sozialnetz entkommen ließ. Das Dower House untersteht dem Gesundheitsdienst ebensowenig wie das Ritz.»

Jim stöhnte. «Der alte Churchford ist leider eine geachtete Persönlichkeit unseres Landes, nachdem er jahrelang unser fähigster Politiker war seit den Zeiten, in denen Politiker noch Gefahr liefen, auf dem Tower Hill gevierteilt zu werden. Nichts bringt eine Regierung mehr aus der Fassung als das anklagende Muhen heiliger Kühe.»

Jim las den Artikel noch einmal durch. «Er hätte seinen Standpunkt ohne weiteres in einem Brief an mich darlegen können, aber er schwelgt mal wieder in seiner lebenslangen Gewohnheit, soviel Unheil wie möglich anzurichten. Wie erfreulich, daß Kinder und Greise sich jeder Verantwortung entziehen können. Wenn er seine Drohung wahrmachen sollte, alle seine adeligen Freunde zu mobilisieren, sobald das Parlament wieder zusammentritt, könnte er der Regierung schweren Schaden zufügen, sie vielleicht sogar zu Fall bringen.» Verärgert murrte er: «Ich wünschte, das Oberhaus würde endlich einsehen, daß es bloß ein Wachsfigurenkabinett ist, was die Gesetzgebung betrifft.»

Er schmiß die Zeitung hin. «Ich nehme an, wir können ein Krankenhaus, das uns gar nicht gehört, nicht schließen. Aber es muß einen Ausweg geben. Es gibt für alles einen Ausweg. Gott weiß, wie der Fehler passiert ist, aber ich werde dafür sorgen, daß der verantwortliche Beamte morgen nach Nordirland versetzt wird.»

In meinem Hirn hatte sich eine Lösung herauskristallisiert.

«Glaubst du, es würde helfen, Jim, wenn ich als einer der ältesten praktischen Ärzte in Churchford dem *Echo* gegenüber sagen würde, daß die Schließung des Dower House ein genialer Akt der Beseitigung eines medizinischen Slums sei? Das wäre kein Problem. Ich spiele heute nachmittag mit Arthur Crevin Golf. Die Zeitungen der Fleet Street werden die Sache sicher aufgreifen.»

Jim strich sich übers Kinn.

«Ja, ich glaube, das ist ein vernünftiger Plan. Ich könnte ein paar eigene Bemerkungen einflechten, vielleicht ein paar Ministerworte. Ich *muß* weiterhin auf dieses Pferd setzen, selbst wenn es schon zu lahmen beginnt. Danke, Richard. Leite alles in die Wege!» sagte er nachdenklich und fügte mit einem kurzen Blick auf mich hinzu: «Ich habe nicht vergessen, daß ich dir einen Sitz in dem neuen Komitee versprochen habe.»

«Das hat nichts damit zu tun», sagte ich fest. «Ich werde nur deshalb in aller Öffentlichkeit erklären, daß das Dower House geschlossen werden sollte, weil ich glaube, daß das die beste Medizin für Churchford ist.» Ich entschloß mich, noch ein weiteres Eisen in das neuentfachte Feuer seiner Dankbarkeit zu schieben.

«Annabel Blackadder.»

«Ach, die», sagte er ohne Begeisterung. «Wenn dir das arme Mädchen so sehr am Herzen liegt, werde ich sehen, ob sich nicht irgend etwas für sie finden läßt. Möglicherweise denkt einer meiner Gegner, es wäre ein nützlicher Schachzug, sie als eine Art Assistentin für Nachforschungen einzustellen. Bertie Bullivant würde vielleicht anbeißen», spekulierte er.

Als ich nach Hause fuhr, hatte ich ein merkwürdiges Erlebnis. Eines der Gewitter, die die samstägliche Demonstration ins Wasser fallen zu lassen gedroht hatten, brach über Churchford herein. Eine Katze flitzte durch den Platzregen; ich trat auf die Bremse, der Wagen geriet ins Schleudern und prallte gegen einen Laternenpfahl.

Ich wurde durchgeschüttelt, das Auto hatte eine Beule, der Laternenpfahl stand schief. Ich sah endlose Schwierigkeiten mit Werkstätten voraus, mit Anträgen an die Versicherung und mit der Polizei. Behutsam setzte ich meine Fahrt fort und dachte dabei an Gott am himmlischen Telefon. «Dieser Jethro? Joasch? Wie heißt er noch gleich? Jehu! Ja, genau. Der gute Doktor spielt sich ein bißchen auf. Er mischt sich in die Politik ein. Jag ihm mal einen kleinen Schrecken ein!»

21

«Gute Nachrichten!» verkündete ich Mrs. Jenkins, als ich Mitte der darauffolgenden Woche morgens in die Praxis kam. «Ich habe die Assistentin gefunden, die Sie sich den ganzen Sommer hindurch so sehnlichst gewünscht haben.»

«Mir fällt ein Stein vom Herzen!» rief sie aus. «Ich hoffe, sie ist für diesen Posten geeignet?»

«Ganz außerordentlich! Sie ist zwanzig, hübsch, lebhaft, voller Eifer, einen nützlichen Beruf zu ergreifen, und verblüffend gut an strenge Disziplin gewöhnt.»

Mrs. Jenkins tippte nachdenklich mit dem Ende des Kugelschreibers an ihre Lippen.

Ich ließ den Schleier fallen. «Annabel Blackadder», sagte ich.

«Oh, na gut.»

«Warum machen Sie so ein zweifelndes Gesicht? Sie hätte auch einen fashionablen Posten als Assistentin eines Abgeordneten bekommen können, aber sie hat keine Ahnung vom Maschineschreiben und telefoniert nicht gern.»

«Was wird das Mädchen denn hier tun, wenn sie nicht tippen kann?» fragte die nüchtern denkende Mrs. Jenkins.

«Vielleicht könnte sie sich um die Patientenkartei kümmern.»

«Das wäre eine Erleichterung, das muß ich schon sagen.» Mrs. Jenkins zögerte. «Ich nehme an, sie ist verläßlich?»

«Sie meinen ehrlich, nicht wahr?»

«Genau das.»

«Wenn Sie für die Dummheit eines Augenblicks so gebüßt hätten wie Annabel, würden Sie dann nicht auch so ehrlich werden wie George Washington?»

Sie wechselte das Thema. «Offenbar stehen Sie schon wieder in der Zeitung.»

Das *Churchford Echo* brachte an diesem Morgen auf der ersten Seite einen schwungvollen Artikel über meine Ansichten, mit denen ich gegen den Strom der öffentlichen Meinung schwamm.

«Es ist mein bescheidener Beitrag zur Reduzierung der Kindersterblichkeit», erklärte ich Mrs. Jenkins. «Die Kanalisation des Dower House, des ehemaligen Witwensitzes, hat bekanntermaßen schon vielen Witwen das Leben gekostet.»

Mein erster Patient an diesem Tag war der Vikar. Er litt unter Angstzuständen, Kopfschmerzen und Herzklopfen.

«Mein Versuch, Ihnen zu helfen, Doktor, hat mich überraschenderweise ganz schön durcheinandergebracht», bekannte er und rutschte nervös auf dem Behandlungsstuhl herum. «Ich hatte plötzlich das Gefühl, daß mir meine Arbeit als Vikar über den Kopf wächst; besonders, weil ich in diese abscheuliche Entscheidung über die Schließung des Dower House verwikkelt bin. Wie ich gehört habe, sind Sie dafür.»

«Sowohl die Politiker als auch ihre Wähler sind von dem Gedanken an Krankenhäuser besessen, in denen die Bevölkerung genausowenig gesund wird wie in der Kirche religiös.»

«Gestern abend fühlte ich, daß ich mit meinem Latein am Ende war», gestand er düster. «Wenn man allein in diesem viktorianischen Pfarrhaus wohnt, kann man schon auf Selbstmordgedanken kommen, wissen Sie. Niemand ist da, dem man sein Herz ausschütten kann. Deshalb dachte ich mir, es sei das beste, Sie einmal aufzusuchen, Doktor. Ich glaube, zu diesem Entschluß kommen viele Ihrer Patienten? Es scheint sonst niemanden zu geben.»

Ich griff automatisch nach meinem Rezeptblock.

«Das englische Arzneimittelbuch», sagte ich tröstend, «enthält, wie die Heilige Schrift, alles, was man braucht, um erlöst zu werden.»

Ich schrieb ihm ein Rezept für Valium aus.

Mir kam ein Gedanke.

«Wenn Sie jemanden benötigen, der ein mitfühlendes Ohr – ob Tag, ob Nacht – hat, rufen Sie bei den Samaritern an, und fragen Sie nach Mrs. Osgood. Ich kann sie nur empfehlen.»

Er dankte mir mit warmen Worten. Ich hatte das Gefühl, daß ich ihn für die Hochzeit am Samstag in einer Woche in Höchstform bringen mußte.

Abends, im Golfclub, traf ich Doktor Quaggy.

«Richard, wir beide sind doch alte Freunde», erklärte er hartnäckig, während er mich mit einem Gin-Tonic in der Hand in eine Ecke drängte, «und ich würde meine erste Pflicht als Freund verletzen, wenn ich dir nicht sagte, wie bestürzt die ganze Ärzteschaft von Churchford darüber ist, daß du diese herzlose Entscheidung der Regierung, das Dower House zu schließen, auch noch unterstützt. Ich kann mir vorstellen, daß Lord Churchford fast einen Schlaganfall bekommen hätte, als er heute morgen das *Echo* las. So habe ich überhaupt von deiner Stellungnahme erfahren, wie der Zufall eben so spielt», verkündete er mir. «Seine Lorschaft rief mich an, als ich beim Frühstück saß, und fragte mich, ob ich ihn als Privatpatienten übernehmen würde. Du hast doch hoffentlich nichts dagegen?»

«Überhaupt nichts», erklärte ich großzügig. An *wen* erinnerte er mich bloß? Meine Verwirrung machte langsam der Wut darüber Platz, daß es mir nicht einfiel.

«Ich sehe nicht ein, warum ich *alle* distinguierten Patienten von Churchford haben soll», gab ich zu.

«Wir verstehen natürlich, daß du dich Jim Whynn gegenüber verpflichtet fühlst, nachdem du ihn in solche Schwierigkeiten gebracht hast», fuhr Doktor Quaggy sanft fort. «Und dann ist da natürlich der tolle Job, den er dir angeboten hat, in dem Regierungskomitee, das die übrigen praktischen Ärzte unter die Lupe nehmen soll.»

«Woher weißt du das?» fragte ich ärgerlich.

«Oh, es hat sich in Churchford herumgesprochen», informierte er mich liebenswürdig. «Ich glaube, die Neuigkeit wurde von Mrs. Whynn verbreitet. Sie schien zu glauben, daß wir begeistert wären, sie in dem Hausärztekomitee zu sehen, wenn du solch eine mächtige Position innehättest. Ich nehme an, sie wollte damit vage andeuten, daß über ihren Mann jederzeit Druck auf mich ausgeübt werden könnte.»

«Es ist kein Körnchen Wahrheit daran, daß ich in irgendeinem Regierungskomitee sitzen werde.» Ich war so wütend, daß ich meinen Glenlivet verschüttete. «Ich habe mich bestimmt und endgültig dagegen entschieden.»

«Wie schade», bedauerte er ruhig. «Wir alle dachten, du hättest damit eine wunderbare Beschäftigung, wenn du in den Ruhestand trittst.»

«Und es stimmt, verdammt noch mal, auch nicht, daß ich mich zur Ruhe setze.»

«Gewiß werden wir alle hocherfreut sein, dies zu hören, wo es doch im April noch so ausgesehen hat, als bliebe dir keine andere Wahl», meinte er mitfühlend.

Ich fuhr nach Hause. Ich rief bei Jim an. Das nordirische Kindermädchen sagte mir, Mr. und Mrs. Whynn seien bis zum Wochenende verreist.

Ich marschierte in den Hintergarten und lief ärgerlich auf dem Rasen auf und ab. Im letzten Abendlicht hörte ich, wie der Vikar mich aus dem Nachbargarten rief, sagte, er habe vergessen, den Schüttelfrost zu erwähnen. Er zeigte mir die Symptome über die Hecke hinweg. Ich wies ihn an, die Valiumdosis zu verdoppeln. Die Dunkelheit trieb mich ins Haus. Sandra platzte damit heraus, daß ich anscheinend überhaupt kein Interesse an der Hochzeit meiner Tochter hätte. Ich antwortete, ich hätte so viel Ärger, daß mich nicht einmal meine eigene interessiert hätte. Sie wurde böse und verschwand in die Küche, um Marmelade einzumachen.

Ich schenkte mir einen Talisker ein und starrte an die Wand. Doch plötzlich sprang ich wie ein Blitz aus meinem Sessel auf. Mir war eingefallen, an wen mich Doktor Quaggy erinnerte.

Nein!

Unmöglich!

Unglaublich!

An Belindas gescheiten Kevin.

Nicht zu fassen!

Oder doch?

Das sexuelle Verhalten des Menschen ist unberechenbar und läßt sich genausowenig voraussehen wie das Verhalten eines Irren. Freud hat sich damit einen Namen gemacht.

Ich schlug mir auf die Schenkel und brüllte vor Lachen. Sandra kam herein und fragte, ob ich wieder ein witziges Gespräch mit Gott führte.

Am Freitagmorgen gaben die Zeitungen bekannt, daß die Regierung nachgegeben hätte.

Das Dower House würde geöffnet bleiben. Ich fühlte mich wie Doktor Lonelyhearts am Ende seines Marathons.

Als ich in die Praxis kam, drängten sich mehr Patienten im Wartezimmer als während der Bronchitiswelle in den Wintermonaten.

«Was ist los?» fragte ich, als ich Mrs. Jenkins' kleines Büro betrat. «Was wollen all die Patienten?»

Sie hatte einen roten Kopf und antwortete nervös: «Sie wollen den Arzt wechseln.»

Ich war schockiert. «Bin ich so schlecht? Habe ich über Nacht einen katastrophalen Anfall von Massen-Fehldiagnosen gehabt?»

«Es ist nicht Ihretwegen», erklärte sie. «Es ist wegen dieses Mädchens.»

Annabel saß mit ausdruckslosem Gesicht an der Rezeption.

«Aber sie ist doch erst seit ein paar Tagen hier», rief ich aus. «Was hat sie getan?»

«Die Patienten haben Angst, daß ihre Krankenberichte in der Zeitung gedruckt werden.»

Ich schlug mir mit der Faust gegen die Augenbrauen.

«Die Leute können so gemein sein», rief ich. «Annabel, komm her!»

Ich legte meinen Arm um sie und nahm sie mit ins Wartezimmer.

«Guten Morgen», begrüßte ich die Patienten. «Gehe ich richtig in der Annahme, daß einige von Ihnen den Arzt wechseln möchten?»

Es wurden hastige Blicke ausgetauscht, verlegenes Murren war zu hören; einige flüsterten: «Es ist ihretwegen.»

«Würden Sie meine Patienten bleiben, wenn ich mir eine andere Assistentin nähme?» fragte ich.

Murmeln und Nicken. Unmißverständliche Zeichen der Zustimmung im ganzen Zimmer.

Ich sagte: «Da ich nicht die Absicht habe, eine wertvolle Angestellte zu verlieren, der ich voll und ganz vertraue, und da Sie meiner Menschenkenntnis zu mißtrauen scheinen, so können Sie auch nicht viel Vertrauen in meine Fähigkeiten als Arzt haben. Es wäre für uns alle wohl das beste, wenn wir uns trennen. Bitte melden Sie sich bei Mrs. Jenkins. Ich empfehle Ihnen, zu Doktor Quaggy zu wechseln.»

Ich schritt in mein Sprechzimmer und rieb mir energisch die Hände. Ich fand, daß ich heute morgen schon ein gutes Stück Arbeit geleistet hatte.

Mrs. Gladwin saß bereits auf dem Behandlungsstuhl. Automatisch griff ich nach dem Rezeptblock.

«Aber ich glaube, ich kann mit den Kapseln aufhören, Doktor», verkündete sie.

«Gut. Fühlen Sie sich nicht mehr so angespannt? Keine Kopfschmerzen mehr? Herzklopfen verschwunden?»

«Ja, ich fühle mich sehr viel besser», stimmte sie mir munter zu. «Vielleicht war es doch der Vikar? Ich meine, weil ich mich ihm gegenüber so habe gehenlassen. Wissen Sie was, Doktor, ich hatte das Gefühl, als hätte sich eine große gespannte Feder in meinem Innern plötzlich – wong! – gelöst.»

«Viele Therapeuten befürworten die Übertragung der inneren Aggression des Patienten auf den Psychiater, obwohl dies in der Regel nicht mittels einer Blumenvase geschieht», stellte ich fest.

Sie sah mich beschämt an. «Das mit der Vase tut mir so leid, Doktor. Ich weiß nicht, was über mich gekommen ist. Ich wollte mich schon beim Vikar entschuldigen, da ich ihn doch jeden Tag sehe; manchmal kommt es mir so vor, als hätte ich ihn den ganzen Tag vor Augen.»

Ich war verwirrt.

«Sie wissen doch, daß ich im Büro meines Mannes arbeite, Doktor? Es liegt in der High Street, gegenüber vom Dingley Dell. Die ganze Woche saß er dort und trank eine Tasse Kaffee nach der anderen. Ich habe keine Ahnung, warum er plötzlich so gerne Kaffee trinkt.»

«Koffeinvergiftung!» Ich schlug mir gegen die Stirn. «Daher auch die Symptome, daher auch der Schüttelfrost.»

«Wie bitte, Doktor?»

«Ich glaube, er möchte ganz einfach wach bleiben, während er für uns alle betet. Der Vikar ist sehr gewissenhaft.»

Ich konnte Gott am göttlichen Telefon hören, wie er sagte: «Guten Abend, Lukas. Du hast es dem begriffsstutzigen Doktor ganz schön gezeigt.»

Am frühen Abend fuhr ich zu Jim. Charlotte und er waren gerade aus London zurückgekehrt. Jim schien bester Laune zu sein. Er führte mich in das runde Wohnzimmer und schenkte mir einen Highland Park ein.

«Ich hätte es mir denken können», bemerkte ich nüchtern. «Die Regierung hat schon eine so dreckige Weste, daß es nicht viel ausmacht, wenn sie ihre Haltung von heute auf morgen um hundertachtzig Grad dreht.»

«Du meinst, weil das Dower House in Betrieb bleibt?» Er schenkte sich einen doppelten Gin ein. «Aber das war sowieso unsere Absicht.»

«Du hast mir etwas ganz anderes erzählt», erinnerte ich ihn aufgebracht.

«Mein lieber Richard! Wie gute Freunde wir auch sein mögen – du wirst doch einsehen, daß ich dir keine Regierungsgeheimnisse mitteilen kann?» sagte er sanft. «Davon abgesehen hätte ich gedacht, daß ein so hochintelligenter Mann wie du meinen kleinen Plan durchschauen würde.»

«Wie schmeichelhaft! Aber ein netter Kerl, selbst wenn er noch so intelligent ist, benutzt seinen Scharfsinn nicht dazu, die Lügen seiner Freunde auszuspionieren.» Ich stand auf und fügte schneidend hinzu: «Außerdem hat er das auch gar nicht nötig.»

«Richard! Du bist böse», sagte er milde. «Wirklich, du hast keinen Grund dazu. Solche Kriegslisten sind in der Politik reine Routinesache. Wärst du ein gelernter Politiker, würdest du nicht mehr Gedanken daran verschwenden als an die Beschwerden und Leiden, mit denen du es als gelernter Arzt zu tun hast.»

«Natürlich bin ich böse», bekräftigte ich. «Dafür, daß ich in aller Öffentlichkeit gesagt habe, das Pesthaus sollte geschlossen, wenn nicht gar niedergebrannt werden, werde ich von allen Ärzten und wahrscheinlich von ganz Churchford verdammt. Ganz zu schweigen von Lord Churchford, und weiß Gott, was die ‹Freiheit für Lesben› und die ‹Soften Schwulen› von mir denken. Alle halten mich jetzt für einen irregeleiteten Idioten, weil das Dower House sowieso offenbleibt.»

«Wenn ich dir erklärte, worin der Plan bestand, wirst du über das Ergebnis sicherlich genauso erfreut sein wie ich. Hast du in der Morgenausgabe nicht die kleine Notiz über das Krankenhaus von Churchford bemerkt?»

Ich schüttelte den Kopf.

«Was nur zeigt, wie gut der Plan funktioniert hat. Wußtest du, daß der staatliche Gesundheitsdienst leerstehende Immobilien im Wert von zweihundert Millionen Pfund hat? Schwesternheime, die vielleicht für viktorianische Küchenmädchen geeignet wären; Ärzteunterkünfte, die nicht nur unbequem, sondern einfach unbewohnbar sind; veraltete Krankenabteilungen, verödete Waschhäuser, unbrauchbare Küchen, baufällige Hinterhöfe, Nebengebäude, die fast einstürzen. Nun, die Krankenhäuser hatten mehr Landbesitz als die Klöster, als Nye

Bevan es wie Heinrich VIII. machte und sie dreihundertzehn Jahre später auflöste. Heinrich VIII. war so vernünftig und verkaufte den Besitz, um die Steuern mit einem Schlag zu senken. Das sollten wir auch tun, aber jeder ist dagegen. Es wird geklagt, daß die Schwestern, die bereits von der Armenhilfe leben, auf die Straße gesetzt werden – wahrscheinlich sollen sie sich dann dort ihr Geld verdienen.» Er zuckte hoffnungslos die Achseln. «Heinrich VIII. hatte keine Probleme, er hat einfach jeden lebendigen Leibes verbrannt, der mit seiner Buchhaltung nicht einverstanden war. Wir müssen den Scheiterhaufen durch künstliche Rauchwolken ersetzen. Deshalb erfand ich den Wirbel um das Dower House, um die Leute abzulenken, während das Gesundheitsministerium in aller Stille die verfallenen Gebäude des Churchforder Krankenhauses verkauft hat», teilte er mir selbstgefällig mit.

Ich fragte fassungslos: «An wen?»

«Wir hatten ein Angebot von einer amerikanischen Firma, das wir nicht ausschlagen konnten. Sie wird an derselben Stelle ein phantastisches Privatkrankenhaus errichten. Genau das, was Churchford fehlt. Das habe ich, wie du dich vielleicht erinnern wirst, bereits gesagt, als du darauf bestanden hast, daß ich diesen furchtbaren Psychiater aufsuchen sollte. Die Amerikaner sind so angetan, daß sie das neue Krankenhaus die Whynn-Klinik nennen werden. Wer ein Hospital in seinem Wahlkreis hat, das nach ihm selbst benannt ist, wäre wahrscheinlich auch dann in Sicherheit, wenn die rote Revolution ausbräche. Ich fürchte, das alles wird Bertie Bullivant furchtbar aufregen.»

Ich schrie: «Das Dower House bleibt offen, weil es sowieso geplant war? Er hat also überhaupt nichts dafür gekriegt, daß er dem Bau der neuen Straße durch die Arbeitersiedlung zugestimmt hat?»

Jim seufzte. «Nicht wirklich. Vor allem deshalb nicht, weil Lord Churchford, der alte Narr, uns einen wundervollen Vorwand geliefert hat, als Schützer der verfassungsmäßigen Rechte aufzutreten. Ich muß dem alten Orang-Utan wirklich eine Kiste von Croft's bestem Portwein schicken. Siehst du,

Richard, die Politik ist die Kunst des Möglichen; das heißt, die Kunst dessen, womit man möglicherweise davonkommen kann.»

Eine brennheiße politische Frage blieb unbeantwortet.

«Was springt dabei für dich raus?» fragte ich.

Jim Whynn strahlte. «Du hast den nächsten Verkehrsminister vor dir. Es wurde mir versprochen, daß ich den Posten nach der bevorstehenden Kabinettsumbildung bekomme. Ein wunderbares Ende für die ganze Dower House-Affäre.»

«Jim», sagte ich, «damit bleiben nurmehr zwei Punkte, die ich mit dir besprechen möchte. Erstens verzichte ich auf diesen Job in dem Regierungskomitee, den du mir angeboten hast.»

«Oh, ich dachte, ich hätte es dir bereits gesagt», bemerkte er. «Mein Antrag ist abgelehnt worden. Der alte Forditch im Ministerium bekommt seinen Adelstitel und wird auf einen dieser enorm lukrativen EG-Posten nach Brüssel geschickt. Er freut sich schon wahnsinnig darauf. Er kann seine Frau nicht ausstehen, und dort wird er Freundinnen haben können. Ich glaube, alle haben welche.»

«Zweitens bin ich überglücklich, daß deine politische Karriere so üppig blüht und gedeiht, auch, obwohl sie letzten Frühling von der Blattlaus befallen wurde. Es tut mir nur leid, daß du mich als Dünger benutzt hast. Es ist mir nicht länger angenehm, dich als Patienten zu haben. Ich empfehle dir, zu Doktor Quaggy zu wechseln. Guten Abend!»

Erstaunt sagte er: «Richard! Was bist du doch empfindlich!» Aber ich hatte schon die Tür zugeknallt.

Auf dem Weg nach Hause schaute ich beim Pfarrhaus vorbei. Ich konnte mein Tagwerk nicht beenden, bevor ich nicht diesen Fall einer Koffeinvergiftung einem guten Ende zugeführt hatte. Irgendwie erinnerte ich mich daran, daß dieses Leiden manchmal Krämpfe und Halluzinationen hervorrief, und die könnten den Geistlichen bei der Trauung meiner Tochter aus der Fassung bringen.

Die Tür wurde von Mrs. Osgood geöffnet.

«Oh, Doktor, wie nett, Sie wiederzusehen», begrüßte sie mich mit rauher Stimme. «Ich bin so froh, daß Sie Ron vorgeschlagen haben, mich bei den Samaritern anzurufen. So ist es mir möglich, mich ihm persönlich zu widmen. Er macht gerade eine Kanne Tee», teilte sie mir mit, während sie die Augen niederschlug. «Soll ich ihn holen?»

«Machen Sie sich keine Mühe», sagte ich. «Ich bin sicher, daß das, woran er leidet, bald kuriert sein wird. Guten Abend!»

22

Es war Samstag, eine Woche später. Das Zelt war auf dem Rasen aufgebaut, das Wetter wunderschön.

Ich kleidete mich so, daß ich einem Facharzt aus viktorianischer Zeit glich. Meine Tochter sah in ihrem duftigen weißen Kleid einfach hinreißend aus. Das ganze Haus stand kopf. Sandra verkündete, daß Mrs. Whynn unten sei und mich dringend zu sprechen wünsche.

«Unmöglich», sagte ich schroff. «Jilly und ich fahren in einer halben Stunde zur Kirche.»

«Das habe ich ihr auch gesagt. Aber sie geht einfach nicht.»

Ich schlüpfte in den geliehenen Frack und ging hinunter ins Wohnzimmer.

«Ein Glas Champagner?» fragte ich Charlotte höflich.

«Nein, danke, Richard.» Sie stand beim Fenster und wirkte beinahe eingeschüchtert. «Ich weiß, ich hätte in keinem unpassenderen Augenblick kommen können.»

«Hat euch Doktor Quaggy nicht genommen?»

«Wir gehen nicht zu Doktor Quaggy, wenn du Erbarmen mit uns hast und uns wieder nimmst.»

Ich zuckte die Achseln.

«Du hast Furchtbares mitgemacht mit Jim», fuhr sie feierlich fort. «Ich hoffe, du hast nicht gedacht, daß ich alles, was er tat, gutgeheißen habe? Oder, noch schlimmer, daß ich es nicht einmal bemerkt habe? Ich wollte am Hochzeitstag deiner Tochter noch ein bißchen zu deinem Glück beitragen und dir sagen, wie leid mir alles tut.»

Ich war gerührt.

«Jim hat nur sein Spiel gespielt», gab ich zu. «Ich habe überhaupt nicht gespielt. Politiker sind für einen einfachen Mann wie mich zu gefährlich. Ich dachte, ich könnte mit Jim fertig werden, so wie ich mit schwierigen Patienten fertig werde. Sandra hat mich gewarnt. Es war Eitelkeit – die bekanntlich Frauen beflügelt, den Männern jedoch den Ruin bringt.»

«Du hättest es nie zulassen sollen, daß Jim zum Psychiater geht.»

Ich verteidigte mich: «Aber er hat doch gesagt, daß er sich umbringen wollte.»

«Oh, Jim ist überhaupt nicht der Typ, der Selbstmord begeht – ich glaube, kein Abgeordneter ist das.» Sie lächelte. «Wer würde das zerstören, was er am meisten liebt, nämlich sich selbst? Er hat es nur gesagt, um sicher zu sein, daß du ihn zum Psychiater schicken würdest. Er wußte ganz genau, daß das arme Mädchen in Soho ihn erkannt hatte, und er brauchte eine Rückversicherung, falls das Ganze in die Zeitungen kommen würde.»

Ich bemerkte, daß der mit Blumen geschmückte weiße Rolls-Royce angekommen war, in dem Jilly und ich – Sandra hatte darauf bestanden – um die Ecke in die St.-Alphege-Kirche fahren sollten.

«Wenigstens hat er *dir* alles über dieses Mädchen erzählt.»

«Mein Gott! Sie war nicht die einzige. Jim hat die Mädchen gewechselt wie die Hemden, sein Leben lang. Er sieht natürlich unwahrscheinlich gut aus. Und Abgeordnete faszinieren die Frauen, weil sie mächtige Männer sind, aber trotzdem erreichbar, ja, sich ihnen manchmal sogar aufdrängen. Ich habe mehr als einmal gedroht, mich scheiden zu lassen, aber er hat es mir ausgeredet. In einem spießigen Ort wie Churchford kann man nicht vorsichtig genug sein. Deshalb habe ich einfach weggeschaut. Jim hat mich überzeugt, daß seine Karriere vor allem anderen kommt. Vielleicht bin ich so simpel wie du, Richard? Ich glaube, die Braut ist bereit, zur Kirche zu fahren.»

Aber sie war es nicht. Ein Polizeiauto hatte vor dem Gartentor angehalten. Ein Inspektor stand vor der Tür.

«Es tut mir leid, Sie in diesem Augenblick stören zu müssen, Doktor Gordon», entschuldigte er sich würdevoll. «Aber wir wußten natürlich nicht, daß heute nachmittag ein so frohes Ereignis stattfindet.»

«Was ist los?» fragte ich ungeduldig. «Doch nicht etwa der Laternenpfahl? Ich habe mich erboten, einen neuen zu zahlen.»

«Miss Blackadder ist bei uns auf dem Revier, und sie hat Sie als ihren Arbeitgeber genannt. Sie wurde festgenommen, als einer von meinen Beamten bemerkte, wie sie die Tür Ihrer Praxis an einem Sonntagmorgen aufschloß – zu einer Zeit, als niemand da war. Sie hatte den Inhalt Ihres Medikamentenschrankes in mehrere Plastiktüten verstaut.»

Ich ballte die Fäuste.

«Kommen Sie einen Sprung aufs Revier, Doktor?»

«Sobald meine Tochter und ihr Bräutigam Mann und Frau sind.»

«Es hat keine Eile. Wir lassen sie nicht gegen Kaution frei, dieses Mal nicht.»

Mein Sohn Andy, der am Morgen aus Baltimore eingetroffen war und ebenfalls wie ein viktorianischer Arzt aussah, kam an die Haustür gestürzt.

«Dad! Sir Damian Havers ist am Telefon. Er sagt, daß er stirbt.»

«Dann sag ihm, er soll nur weitermachen», antwortete ich. «Jilly, mein Liebes, es wird Zeit, daß ich dich Peter übergebe.»

Im Auto hielt ich Jillys Hand und sagte: «Ich fürchte, daß ich dem glücklichsten Tag deines Lebens nicht genügend Aufmerksamkeit geschenkt habe. Aber ich hatte so viele Dinge im Kopf, und meistens nur unangenehme.»

«Armer Daddy!« Sie lächelte durch ihren Schleier.

«Ich habe mich in ganz Churchford zum Narren gemacht. ‹Ärzte, Priester, Richter und Beamte kennen die Menschen so gründlich, als hätten sie sie geschaffen›» sagte ich. «Es tut mir leid, daß ich auf dem Weg zur Kirche Jean-Paul Sartre zitiere, aber der verdammte Kerl hat unrecht.»

«Mach dir keine Gedanken, Daddy.» Jilly drückte meine Hand ganz fest. «Du bist ein netter Kerl. Die ganze Welt weiß das.»

Wir erreichten St. Alphege. Ich mag keine Zeremonien, weder religiöse noch königliche noch gerichtliche. Ich finde nicht mehr daran als an einem Kostümball des Golfclubs. Vielleicht bin ich ein Puritaner, der sich bloß in die Robe seiner glorreichen Vorurteile hüllt? Vielleicht bin ich zu eitel, um mich angesichts mächtiger und geheimnisvoller übernatürlicher Kräfte selbst zu erniedrigen? Oder vielleicht hat mich meine lebenslange ärztliche Tätigkeit, traurigerweise, sämtlicher Illusionen beraubt?

Wir betraten die Kirche. Mir kam der Gedanke, daß ich mir bei der nächsten Zeremonie hier, die in meiner Anwesenheit stattfinden sollte, nicht würde aussuchen können, ob ich daran teilnehmen möchte oder nicht – denn das würde vermutlich meine Beerdigung sein.

Jilly war mir an ihrem Hochzeitstag ein großer Trost gewesen. Sie hatte gesagt, daß jeder mich für einen netten Kerl halte. Und im Grunde meines Herzens glaubte ich, daß sie alle recht hatten – sofern man von dem gelegentlichen Anflug von *Torschlußpanik* absah!

Richard Gordon

Onkel Horatios 1000 Sünden
Roman
rororo 2046

Sir Lancelot und die Liebe
Roman
rororo 2047

Finger weg, Herr Doktor!
Roman
rororo 2048

Wo fehlt's, Doktor?
Roman
rororo 2049

Machen Sie sich frei, Herr Doktor!
Roman
rororo 2050

Gesundheit, Herr Doktor!
Roman
rororo 2051

Doktor auf Abwegen
Roman
rororo 2052

Tief atmen, Frau Doktor!
Roman
rororo 2053

Gute Erholung, Herr Doktor!
Roman
rororo 2054

ro
ro
ro

C 2295/1 a